文春文庫

江戸 うまいもの歳時記

青木直己

文藝春秋

はじめに

本書は二〇一三年十二月から二〇年五月まで、七八回ほど続けた月刊時代劇画誌『コミック乱』への連載に手を加えて、一冊にまとめたものである。食材を中心に、江戸時代の食文化を紹介したものであるが、改めて読み直してみると、当時の人々がいかに豊かな食生活をおくっていたかということに驚かされる。もちろん大名と農民、都市と農山漁村、蝦夷地（北海道）と九州など、身分階層の違いや住む場所、気候風土の違いによって、食生活は大きく左右される。ただしそれぞれの違いを超えて、人々は自らを取り巻く自然環境や経済社会状況に寄り添って、食を楽しんでいた。

筆者は学部、大学院、母校の助手の時代を通して、日本近世、特に江戸時代中後期から幕末維新期にかけての農村経済や、俳句などの農民の文化的な営為と経済とのかかわりについて研究をしていた。正直なところ食への関心は、ただ美味いものを食べることのみにあった。偶然、虎屋文庫という企業アーカイブズ、企業博物館に職を得て、和菓子を歴史・文化的な側面から研究するようになったと同時に、食全般の歴史的な事象への興味を持つようになった。その結果の一つが前著『幕末単身赴任　下級武士の食日記　増補版』（ちくま文庫）であった。

私と食とのかかわりで、もう一つ大きな転換点は、時代考証を行うようになったことである。虎屋文庫在職中から、ＮＨＫのドラマ関係者や時代考証に携わる友人から、散発的に菓子や食に関する質問を受けることはあった。たとえば毛利元就の食べた饅頭はどのようなものか、幕末の幕臣小栗上野介が飲んだコーヒーは、近藤勇が京都で菓子を食べたとき江戸との違いに驚く場面での菓子とは、などである。

虎屋退職後には、ＮＨＫ時代劇や時代劇漫画の考証に本格的に携わるようになった。

先の連載には、こうした考証過程で得た知見を反映させている。生来、時代劇は良く見るほうではあったが、改めて手元のＤＶＤや放送されるドラマを見てみると、腑に落ちない場面に出会うことも多かった。もちろん考証の行き届いた、そしてドラマとして面白い作品も多い。まずは時代考証と食文化とのかかわりを紹介することによって、本書の導入としたい。

食店の情景

食に限らずさまざまな歴史的な事象をイメージするに際して、絵画資料から得られる情報はありがたい。もちろん誇張など絵画ならではの限界はあるにしても、私は錦絵や黄表紙などの挿画を見てイメージを作っていく。そうした絵画を見ていて、現行の時代劇に対して大きな違和感を覚えるのが、居酒屋や一膳飯屋など食を提供する食店のたたずまいである。多くの時代劇では、テーブル状の食卓を前に、空き樽を椅子代わりにして腰掛けて酒を酌み交わしている。しかし江戸時代の居酒屋や食店では、縁台に腰掛けるか座敷に上がったり、小上がりに腰掛けたりして、酒を飲み料理をつまんだ。千代田のお城を抜け出た暴れん坊将軍が樽に腰掛け、町人と酒を酌み交わすという情景はあり得ないのである。

しかし、こうした情景が映し出されても多くの人に違和感はなく、江戸時代の食店の情景として定着してしまった感がある。藤沢周平の原作をドラマ化したＮＨＫ「蝉しぐれ」（二〇〇三年放送）は食店の情景を上手く表していた。また、私自身が考証に携わったＮＨＫドラマ「みをつくし料理帖」（二〇一七年放送）では、江戸時代後期の庶民的な飯屋の情景を巧みに表現しており、決して樽に腰掛けるようなことはなかった。

燗徳利をめぐって

ドラマでは居酒屋で酒を酌み交わす時には、燗徳利から猪口に酒を注いでいる。これも時代や地域によってはあり得ない情景である。江戸時代、酒は多くの場合、季節を通して燗をして飲んでいた。燗鍋に直接酒を入れて温めて、柄などの持ち手のついた銚子に移して飲む。あるいはチロリと呼ばれる金属製の燗器に酒を入れ、湯煎して燗を付ける（チロリは京大坂では湯婆と呼ばれた）。居酒屋の情景を描いた絵画資料では、チロリを手に直接猪口に酒を注いでいる。江戸時代後期頃までは、ほぼこのようにして酒を飲んでいた。

では燗徳利はいつ頃誕生したのであろうか、文化年間（一八〇四～一八一八）頃までの居酒屋などを描いたものでは、チロリが使われていた。天保元（一八三〇）年刊行の十返舎一九の『金儲花盛場』に描かれた居酒屋の客は、チロリを脇に置いて酒を飲んでいる。一方、天保三、四（一八三二、三三）年に刊行された為永春水の人情本『春色梅児誉美』には、燗徳利の語句が確認できる。こうしたことから文化年間を経て、文政年間（一八一八～三〇）から天保の初年頃には、燗徳利が使われだしたと思われる。時代劇に燗徳利を登場させる時、文政以前あるいは幕末頃であっても大坂では躊躇を覚える（酒の項参照）。

燗鍋・チロリ・燗徳利・銚子。
『守貞謾稿』

瓶子
中古ノ銚子

燗鍋
チロリ
近世銚子
燗徳利

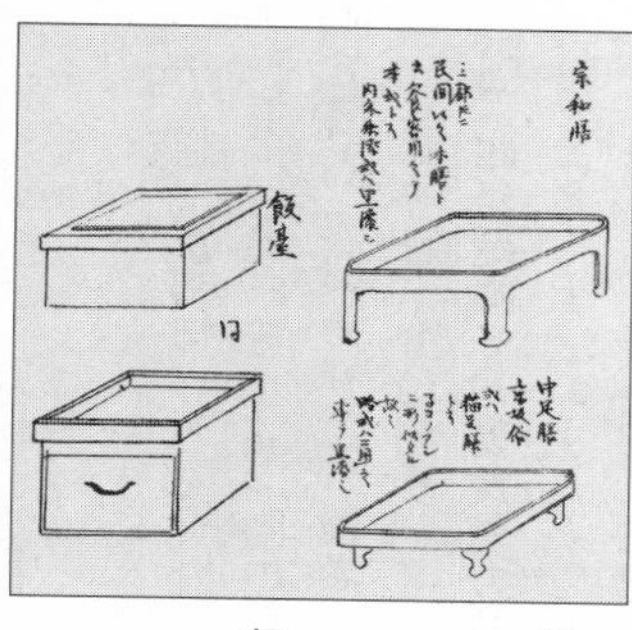

宗和膳　中足膳

飯台（箱膳）

様々な種類の膳。『守貞謾稿』

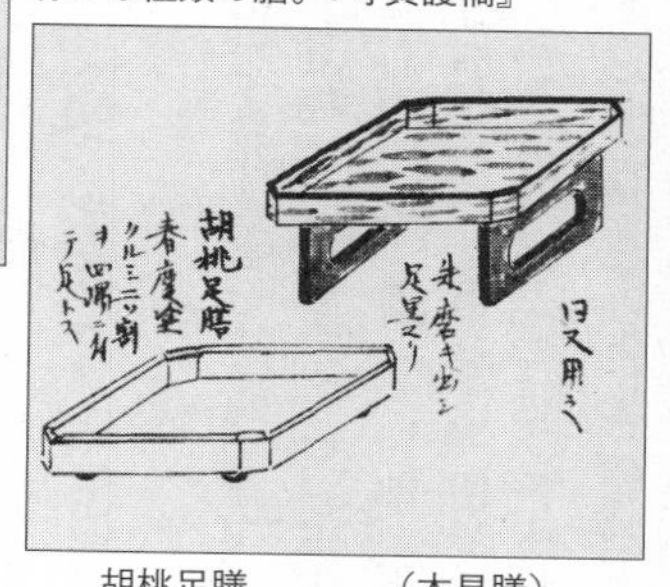

胡桃足膳　（木具膳）

食事の膳

江戸時代、食事は足付きで一人用の食膳（銘々膳）が利用されていた。酒宴の折には酒肴をのせた盆を床の上に置いて、酒を飲み肴を食べている。銘々膳の形状は様々で、四つ足のもの、底に板を二枚渡したもの（木具膳）、漆の塗り方も種類があった。胡桃足膳というものもある。胡桃を二つ用意して、それぞれ半分に割る。半分になった胡桃四つを縁のついた板の底につける。これも一種の四つ足膳で、裏長屋の簡単な食事を描いた錦絵に登場する。一度にいくつもの膳が付く大名や大店の主人から裏長屋の住人にいたるまで、食事には足付きの膳を使っていた。先の「みをつくし料理帖」の舞台である「つる家」は、酒の提供は月に三度、普段から食事主体の飯屋であるので、二足の膳が登場している。

よく知られている食膳に箱膳がある。四角い箱の中に食器を入れて蓋をする。蓋を裏返して箱の上に載せ、飯やおかず、香の物や汁の物をその上に載せて食事をする。食事の後は湯を注いで汚れを落とし布巾で拭いて箱にしまう。きちんと洗うこと月に四、五回で、あまり衛生的ではない。この箱膳の時代劇での使い方が難しい。箱膳は禅僧や商家や武家の奉公人たちが使う物で、別名折助膳と呼ばれていた。折助とは武家の下級奉公人の事である。先に触れたように江戸では長屋の住民であっても食事は足付きの膳で、箱膳は使わない。ただし『守貞謾稿』によれば京都や大坂では「市民」も箱膳を使うという。

「みをつくし料理帖」で、大坂からやってきた澪とかつての主人の妻・芳の二人の食膳が問題になったが、江戸の長屋における食膳に箱膳はふさわしくないという結論になった。また農民の場合、江戸後期の武蔵南部の事例ではあるが、農家奉公人や小前百姓（一般農民）などは箱膳を使っていた（青木直己「食の時代考証」『ヴェスタ』一一五号）。いずれにしても、江戸における食事の場面に箱膳を用いるには注意が必要である。

食の材料

江戸時代の料理に使う材料、特に野菜は制約が多く、今とは姿かたちが大きく違っている場合がある。たとえば白菜は、現在のように丸く結球するのは明治以降である。

人口一〇〇万を超える巨大都市江戸の人々の胃袋を満たすために、近郊には名産野菜が生まれた。たとえば小松川（江戸川区）の小松菜、谷中（荒川区）の生姜、大井（品川区）の葱など、中でも練馬大根、亀戸大根は名高い。漬物にした場合、練馬大根は糠漬け（沢庵漬）、亀戸大根は葉も一緒に漬ける浅漬けに使われる。姿も練馬大根の方が大きく太い。丸く巨大な鹿児島の桜島大根は、江戸時代後期には他の大根同様に縦に長い（大根の項参照）。大根一つをとっても時代劇に登場させるには注意が必要ではあるが、現在の栽培品種との違いから利用に制限もあり、あまり神経質になってもドラマの本筋から外れてしまいそうではある。

以前、あるテレビ局では胡瓜の形が江戸時代と現代では随分と違うので、時代劇には使わないという話を聞いたことがある。そこで江戸と大坂の野菜の姿を描いた史料（『街能噂』（一八三五））にあたって見たところ、線描画ではあるが基本的には同じ形で、現在のものより太いように思われた。いま売られている胡瓜は、売る時の見た目を考えて細く真直ぐなものが好まれているが、少し育ちすぎた胡瓜ならば時代劇に登場させてもよさそうである。ただし大坂の胡瓜は「江戸より細長くして風味至りてよし」とあるので、地域差はあったようである。江戸時代後期から幕末にかけて野菜を描いた史料（本草書他）が増え、また幕末から明治初年に撮られた八百屋の写真も残っており、野菜の姿かたちを確かめるのには便利である。

江戸時代の食文化を時代劇に反映させるには、制約がなにかと多いのは確かである。一方、時代劇を通して当時の人々の食生活に触れるという楽しみもある。本書では江戸時代を中心に、かつて私たちの先人が楽しんだ食文化を野菜や魚介などの食材、蕎麦などの加工品、醤油などの調味料を通して紹介している。当時の食事情に触れていただくとともに、本書を片手に時代劇を楽しんでいただければと願っている。

目次

冬

無季

江戸　うまいもの歳時記

初出　リイド社『コミック乱』〈食乱図会〉
二〇一三年十二月〜二〇二〇年五月

書籍化にあたり加筆・修正し、図版を追加しました。
図版はすべて国立国会図書館デジタルコレクション
より使用しました。

ＤＴＰ制作　エヴリ・シンク

春

白魚
しらうお

徳川家康の大好物として知られている**白魚**。白魚を家康に献上したのは佃島（中央区）の漁師で、以来、毎年将軍家に献上されるようになった。家康を偲んでその死後毎年、一月十七日には住吉神社の神主や囃子方等が船に乗り込み、隅田川に神酒を流して川を清める「御神酒流し」という神事を行った。後の将軍家でも白魚を珍重し、隅田川河畔の浅草待乳山の下（台東区）から芝浦（港区）は漁師や一般の漁猟が禁止される御留川とされた。ちなみに白魚の名の由来は生きているときは半透明、死ぬと白くなるところにあるが、半透明のときは脳が透けて徳川家の家紋である葵紋のように見える。このことも白魚が将軍家に珍重された理由だ。

佃島の由来について、江戸の地誌『江戸名所図会』（一八三四～三六年刊）では次のように記されている。豊臣秀吉の死後、伏見城で政務を執っていた家康は、摂津国佃村（現大阪市）の漁師に御膳の漁猟を命じた。以降、大坂の陣の折には軍事の密使を務めるなど、家康と佃村の漁師たちの関係が続く。結果、漁師たち三四人が江戸へ召し出され、優越的な漁業権を免許された。漁師たちは与えられた干潟を埋め立て、故郷にちなんで佃島と名付け移り住んだという。ただ、この入植の本当のねらいは、上方の進んだ漁業技術を関東に移植することにあったようだ。

白魚は全国の河口や汽水域に棲息し、初春に産卵のため川を遡る。江戸では旧暦十一月（新暦では十二月頃）から漁が始まる。漁師たちは海に船を出し、篝火を焚いて大きな四手網で漁をする。その様子を高輪などの見晴らしのよい二階家から眺めることが流行った。その光景を『絵本江戸風俗往来』では「寒風暗夜の光景風雅」と記している。年が明けて新春、遡上する白魚を追って漁場は隅田川など河川に移る。歌舞伎「三人吉三廓初買」のお嬢吉三の有名なセリフ「月も朧に白魚の篝もかすむ春の空」は、ほのかにかすむ月明かりに浮かぶ篝火が、のどかな江戸の春を思わせる。このように白魚漁は冬から春にかけた江戸の風物詩であり、特に佃島近辺が名高かった。

白魚はシラウオ科の魚で体長約一〇センチ、なかでも九州有明のものは大きく味も美味しいという。淡白な味わいから卵とじ、すまし汁、酢の物や天ぷらなどにして食べるが、白魚を上等な小麦粉ではたき、よく溶いた卵の黄身をつけてごま油で揚げる**衣白魚**は塩で食べれば最高である。紀州田辺藩の藩医が参勤交代で江戸を訪れた勤番武士のために書いた江戸生活マニュアル『江戸自慢』には、白魚について「形大ニ味美ニして、和歌山で産するものと石と玉の違いあり」と、江戸の白魚を絶賛している。

また幕末の江戸では、握った鮨飯の上に白魚を数匹のせ干瓢で結んだ握り鮨も定番だった。握り鮨以前には白魚の押し鮨も珍重された。『合類日用料理抄』（一六八九）の**白魚**

鮓（ずし）は白魚を一日一夜塩に漬け、塩味の飯を硬めに炊いて白魚ともみ交ぜ、桶に入れて押しをかける。塩味の効いた鮨ではあるが、この白魚鮓は日持ちしないとある。同じ白魚を使った料理で変わっているのは熊本県葦北郡（あしきたぐん）の**おどり食い**。豆腐を入れた鍋の中に生きた白魚を入れて熱すると、耐えかねて豆腐に入り込むというが、私はまだお目にかかっていない。

白魚とよく間違えられるのが**シロウオ**（素魚）。ハゼ科の魚で、白魚と同じく生きているときは半透明で茹でれば白くなる。博多名物のおどり食いはシロウオを生きたまま二杯酢で食べる。

佃島の白魚網は、冬から春にかけての風物詩。『江戸名所図会』

浅蜊

あさり

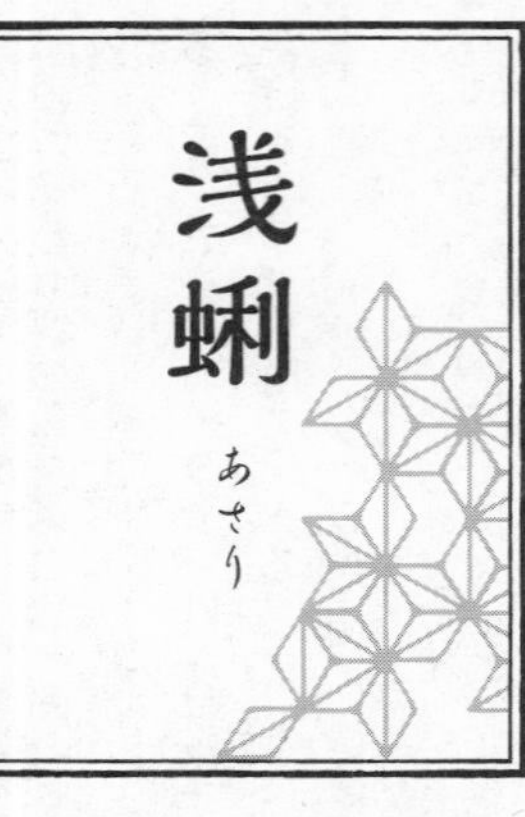

潮干狩りは江戸の春から初夏を彩る風物詩、毎年旧暦の三月から四月（新暦四～五月）になると、多くの人々が潮干狩りの名所を訪れた。海に囲まれた日本では、干潮の海辺に出て、貝を獲ることは古くから行われており、貝は貴重な食料であった。これは各地に残る縄文時代の貝塚遺跡からもうかがい知ることが出来る。

潮干狩りは江戸の人々にとって、**浅蜊**や蛤、馬鹿貝などの貝類を採取する場であるだけでなく、娯楽としても非常に重要であった。『東都歳事記』（一八三八）によれば、江戸の潮干狩りの名所として、芝浦や高輪、品川沖、佃島沖、深川洲崎、中川沖が上げられている。早朝、人々は船に乗って沖合に出て、潮が引き始めた昼頃に中洲に降り立ち、貝を獲る。時には浅瀬に取り残された鮃や小魚などを捕まえ、その場で料理して宴会をすることもあったという。「摺鉢を 取りまいて食ふ あさり汁」、この川柳は摺鉢を殻入れにして、家族で取り囲んで**浅蜊汁**を食べた情景を詠んでいる。潮干狩りで獲れた貝たちは近所にも配られ、各家庭の食卓を賑わしたことだろう。

つい前置きが長くなったが、浅蜊は、江戸の庶民にとって身近な食材である。図説百科事典『和漢三才図会』（一七一三序）にも、「民間日用の食となす」とあり、庶民の日常の食に供されたことが分かる。もちろん値段も極めて安かった。江戸の町々では毎朝、納豆売りなどとともに「あさァりむッきん　蛤むッきん」（『浮世風呂』）という掛け声を上げながら天秤棒をかついだ棒手振がやって来て、貝殻を取ってむき身にした浅蜊や蛤を売り歩く。特に深川で貝を獲る漁師が多かった（『守貞謾稿』）。江戸では飯炊きするのは基本朝一度だけだったが、そのぶん朝餉だけは温かい飯に納豆、出来立ての熱い浅蜊の味噌汁を楽しめた。ちなみに浅蜊のむき身売りは、天明年間（一七八一～八九）までは正月から三月に限られていたが、後に一年を通して売られるようになった。浅蜊の繁殖期には中毒が起きやすく、新暦でいえば、五月頃と十月～十一月頃の繁殖期の食用をさけたのであろうか。いずれにしても忙しい江戸町屋の朝、下ごしらえの手間がかからないむき身の貝は重宝された。

江戸の庶民に大変好まれた浅蜊だが、大坂では珍しかったようだ。『和漢三才図会』によれば摂津（大阪府、兵庫県）や和泉（大阪府）、播磨（兵庫県）といった地方では浅蜊は稀にしか獲れず、人々の口になかなか入らなかったとある。江戸時代の貝事情は地域によって随分と違ったようだ。事実、京都や大阪における江戸時代の遺構から発掘される貝類の遺存体に浅蜊は非常に少ない。ちなみに関西和歌山出身の下級武士・酒井伴四郎は、江戸で蛤や馬鹿貝（青柳）は買っているが、一年を通して自炊用に浅蜊を購入していない。勤番武士の生活マニュアル『江戸自慢』では、蛤や浅蜊は安く味も良いとある。伴四郎の個人的嗜好であろうか。

浅蜊の料理といえば**味噌汁**や**ぬた**、生姜（しょうが）風味の佃煮である**時雨煮**（しぐれに）など多数あるが、中でも出汁（だし）のきいた熱い汁に、生姜の風味が引き立つ酒蒸しは、今も昔も酒の肴（さかな）の定番だ。また、近年人気の**深川飯**だが、かつて深川の漁師たちが、船の上でむき身の蛤の味噌汁を飯にかけて食べたことから始まったという。後にむき身の浅蜊を葱（ねぎ）と味噌で煮て、どんぶりに盛った飯にかけるようになった。安飯屋で食べられ、まさに手軽な庶民の食べ物であった。現在では深川飯も上品になり、材料も浅蜊と葱以外に油揚げや椎茸（しいたけ）などが加わり、米と一緒に出汁で煮込んだ**炊き込みご飯**が多いようだ。

江戸市民の楽しみ・潮干狩り。『錦絵江戸名所』

白酒

しろざけ

「ももの日に 女房の顔は 桜色」。三月三日は上巳の節句、いわゆる雛祭りで女性の祭りである。この日は草餅や雛あられ、菱餅など色々な食べ物が雛壇に供えられる。中でも欠かせないのは**白酒**である。子供や女性に好まれた飲み物で、冒頭の句は、桃の節句に白酒を飲んだ女房の顔がほんのり桜色……という内容で何やら艶っぽい。

白酒と**甘酒**は混同されやすいが別物で、甘酒は麹と米で作り、甘さを第一にした飲料で、アルコール分はほとんどない。対する白酒は『和漢三才図会』によれば、精米したもち米を蒸して強飯（堅い飯）にする。その強飯を酒一斗（一八リットル）の中に入れて固く封をして、春夏は三日、秋冬は五日ほど漬ける。封を開けて中の飯粒が甘くなっていれば取り出し、醪と一緒に石臼で挽くと乳白色の白酒となる。アルコール分は低いものの立派な酒である。甘口なので、前述のように婦人や子供に好まれた。

この白酒、江戸時代の初めには京都・六条油小路の酒屋で売られていた。山中の川は急斜面を流れるため気泡を含み、白くなる。白さが通じることから**山川**という名でも呼ばれ、江戸へ下ってから大いに名を馳せた。歌川広重が描いた「太平喜餅酒多多買」という錦絵がある。菓子と酒が合戦を繰り広げるというもので、菓子方の大将は吉例目出大夫春餅、大福や団子は雑兵で、前線で敵と戦っている。

さて酒方の大将は灘の名酒・剣菱、その名も初尾神酒守剣菱、四斗樽を鎧に堂々としている。大将の周りを固めるのは上方の酒ばかりで、江戸の酒は分が悪そうだ。その中で大将の脇に控えているのは山川四郎雛樽、鎧にしている白酒用の桶には江戸の有名酒店・**豊島屋**の家紋「十」が刻まれている。雛樽の名からもわかるように雛祭り用の白酒に由来する。

豊島屋は居酒屋も始めた。高価な上方の下り酒を手頃な値段で出し、酒の肴は大きな豆腐田楽をこれまた安く提供、多くの酒客が訪れた。大量に出る空き樽を売って儲けを出した。当時、酒の空き樽は高価で取引され、空樽を扱う空樽問屋などもあった。豊島屋は、この成功で江戸を代表する酒店へ、そして醤油などもあつかう大店となった。白酒は江戸時代から続く豊島屋の人気商品だが、製法も当時と変わらない。もち米を蒸して米麴と合わせて味醂に仕込み、約二ヶ月熟成させて石臼で磨り潰す。

当時、豊島屋は雛祭り用の白酒を二月の末に一日限りで売っていた。『江戸名所図会』にも、その情景が生き生きと描かれている。夜も明けきらぬうちから豊島屋へ集まる客に対し、店側は押し寄せる客に備えて矢来（竹や丸太の囲い）で店先を守り、櫓に人を置いて、興奮した群衆に水を撒いて熱気を冷ました。道の反対側では、白酒を入れるための桶を山と積み、店では切手（引換券）を事前に販売して、店内では金の受け渡しをしないようにしていた。これほどの混雑ゆえ、「酒醤油相休申候（さけしょうゆあいやすみもうしそうろう）」の看板をかかげ、この日限りは白酒のみの商いなのである。

　白酒を買い求めるのは男ばかりだった。これには「女性へ白酒をプレゼントするため」という意見もあるが、「大混雑する場所で、白酒の入った大きな桶を女性に持たせるわけにはいかない」という理由から男ばかりが集まったとも言う。

豊島屋・白酒販売の情景。『江戸名所図会』

山菜
さんさい

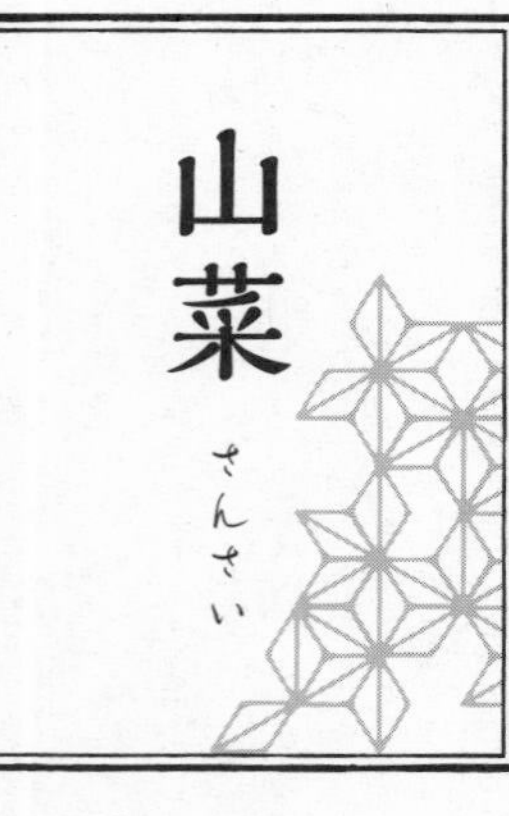

春の味覚といえば、**フキノトウ**や**タラの芽**などといった山菜だろう。我々は通常の野菜と区別して**山菜**と呼ぶが、山菜という言葉は案外新しく、『日本国語大辞典』でも明治時代以前の用例は見られない。野山で採れる菜も通常の野菜と同様に食べられていて、後に栽培野菜と区別して山菜と呼ばれるようになったのであろう。

春ともなれば、野原や川の土手、田の畔などに**土筆**が芽を出す。江戸の人々にとって、郊外へ足を延ばして土筆を摘む野遊びは、春を体一杯に感じる楽しいひと時である。土筆は湯引きをしたり、茹でてから醤油に浸す食べ方もあるが、筆者のおすすめは何といっても佃煮だ。少年の頃、我が家では、母が頭と袴(輪状の葉)を丁寧に取ってから甘辛く煮込んで佃煮にした。手間がかかり、採った土筆にくらべ佃煮の量は大変少ないが、これだけで何杯でもご飯がすすんだ。土筆の佃煮は、我が家に春の訪れを告げる料理であった。もちろん酒の肴にも良い。

ポピュラーな山菜の一つに**ワラビ**がある。古くは天平六(七三四)年の記録に名が見られ、大体三~四月頃に食用にし、当時の野菜の中でも値段は安く、漬け物としても重宝されていた。ワラビは生食よりも塩漬けや干し物の味がよく、江戸時代の農書『農業全書』には「特に干したものは秋田ものがよい」とあり、江戸時代の俳諧書『毛吹草』では、信濃（長野県）、出羽（山形・秋田県）、但馬（兵庫県）、紀伊（和歌山県）を干しワラビの名産地としている。

また、ワラビの根も採った。この根が古くから多くの人々の命を救ってきた。根を砕いて何度も水にさらしてデンプン質を取り出したものが**ワラビ粉**である。ワラビ粉は保存性が高く、飢饉の時には重要な食料となるため、貯蔵を奨励する藩も多かった。なお、ワラビ粉から作られた菓子が**ワラビ餅**である。夏の菓子として、特に関西で人気だ。ただ現在、ワラビ粉は大変希少かつ高価であり、本物を使っていては大変高い菓子になってしまうため、ワラビ餅といっても正体は馬鈴薯（じゃがいも）などのデンプンから作られたものが多い。また、ワラビ粉は糊としても使われ、利用範囲は広い。なお山野で簡単に採れる手軽さから、ワラビ以外の山菜も救荒食物として重要視されていた。

山菜の王様とも称される**ゼンマイ**。干すことで携帯性が高くなることから、かの戦国武将・上杉謙信は陣中食にしていたという。ただ、一般に食べられるようになったのは江戸時代からで、比較的新しい食材である（『本朝食鑑』）。ゼンマイは干したり漬け物にしたりして食すが、その食味のよさは各地の藩から将軍家へ献上されるほどで、城下町などでもよく売れ、各藩の財政を潤した。しかし、越後長岡藩では十八世紀の後期には、山奥まで山菜を取り尽くし、ゼンマイやワラビが不足したという。

独特の香りと淡泊な甘みの**ウド**は数少ない日本原産の野菜である。初めは自生のウドを利用していたが、次第に栽培化が進み、江戸時代になるとウド栽培が盛んになった。ウドに土をかぶせて株を加温し、茎を柔らかくする方法も考案され、近代には土中に穴を掘ったムロ（室）で栽培され、より白く柔らかいウドが作られ、酢味噌などで食べる。現在、立川市など東京都西部地域で、このムロ栽培が盛んに行われ、代表的な東京野菜となっている。

ワラビの根を掘って、ワラビ粉を作る。『人倫訓蒙図彙』

竹の子

「醍醐味(だいごみ)や むし筍(たけのこ)の 水加減」。江戸時代、京都山科の醍醐寺の名物は**蒸し竹の子**。京都の年中行事を記した『日次紀事(ひなみきじ)』（一六八五序）でも、醍醐寺の僧侶が作った蒸し竹の子の味を絶賛している。古来、京都には嵯峨野(さがの)を始めとした産地が多く、竹の子は春の食卓を彩(いろど)った。

ただその頃の竹の子は、我々がすぐに思い浮かべる**孟宗竹**(もうそうちく)ではない。孟宗竹の歴史は新しく、古来日本で食用とされてきたのは**真竹**(まだけ)、**淡竹**(はちく)、**寒山竹**(かんざんちく)、**寒竹**(かんちく)などであった。このうち、寒竹は涼しくなった秋から初冬にかけて竹の子が出た。

さて孟宗竹は、中国南部などに自生していたものが、元文元(げんぶんがん)（一七三六）年に琉球(りゆうきゆう)経由で薩摩(さつま)にもたらされ、薩摩藩主・島津家の庭園である磯庭園に植えられた。このほかにも伝来については、いくつかの説があるが、いずれも薩摩経由である。江戸では、安永八（一七七九）年品川の薩摩藩下屋敷(しもやしき)に植えられたのが最初で、少しずつ広まっていった（『武江年表(ぶこうねんぴよう)』）。蜀山人(しよくさんじん)こと大田南畝(なんぽ)（一七四九〜一八二三）は、『奴師労之(やつこだこ)』に「自分の若いころは孟宗竹はいたって少なく、わざわざ大久保・戸山（新宿区）まで見物に行ったが、最近では麻布、六本木（港区）の植木屋にある」と記している。

徐々に広まっていった孟宗竹だが、江戸の産地は目黒（目黒区）や戸越（品川区）であった。この地域は品川の薩摩藩邸にほど近く、藩出入りの廻船問屋・山路治郎兵衛が孟宗竹を桐ヶ谷（品川区）の別荘に植えて栽培を広めたという。

しかし、「鮮度が命」かつ「重い」竹の子が、なぜ、この地域の名産となったのか。これは江戸時代の大量輸送の切り札である「舟運」によるところが大きい。目黒川を下れば品川の江戸湾だ。掘り出した竹の子を舟に積んで品川、そして江戸市中へと運んだのである（野村圭佑『江戸の自然誌』）。また、目黒不動尊門前では、角伊勢や内田屋が**竹の子飯**を売り出し名物となった。

前述のように、孟宗竹の歴史は新しいので、江戸時代の料理書にある竹の子料理は淡竹や真竹を使ったものが多い。竹の子飯にしても『名飯部類』では「淡竹を使い、真竹は使ってはいけない」と記している。作り方は、柔らかいところを切り、塩煮にして炊いた飯の上に置いて蒸す。茶碗に盛って出汁をかけて食べるとあり、薬味には紫蘇や花山椒、浅草海苔が合う。

もう少し竹の子料理を。まずは**焼き竹の子**。皮が付いたままの竹の子の中をくり抜き、塩味にした蒲鉾と卵を入れて皮ごと焼く。皮付きの竹の子の内部はほどよく蒸されて、竹皮の風味とともに楽しめる。**筍臭和**は、まず竹の子を心まかせに刻んで油で揚げる。次に葱を細かに刻んで擂り鉢で擂ってから味噌を加える。擂り合わせたものを酒で延ばしたら、先に揚げた竹の子を和える。「臭和」とは生葱の臭いから来る名称であろう。そのほか、江戸時代の竹の子料理は蒸し物、鮨、汁物、煮物、天ぷら、辛子和えほか、多種多彩である。中でも、朝掘りの竹の子を醤油で食べる刺身は贅沢な味わいだ。

また、竹の子の皮は食品の包装材としても利用された。それは竹皮の持つ減菌作用を経験的に知っていたからだと思われるが、何より使い勝手の良さからだろう。禁裏御用菓子屋虎屋の江戸時代の古文書にも、羊羹を竹皮で包んだことが記されており、その姿は『和漢三才図会』にも描かれている。

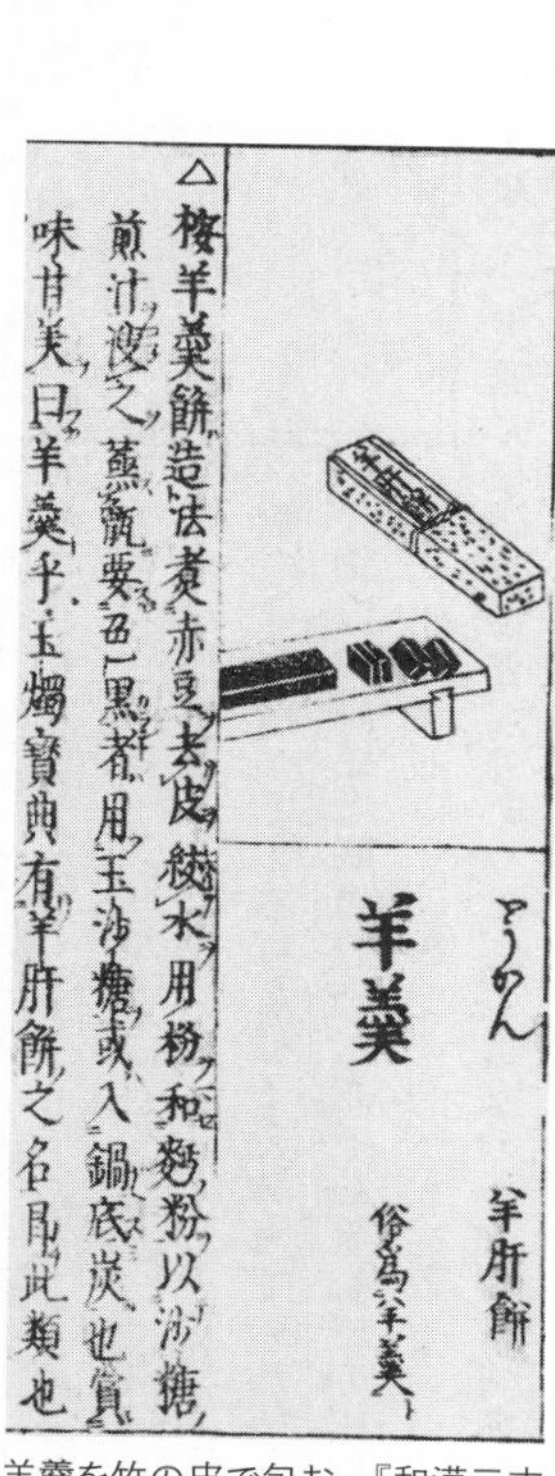
ようかん
羊羹
羊肝餅
俗為羊羹
△按羊羹餅造法煮赤豆去皮絞水用粉和麪粉以沙糖煎汁溲之蒸瓶要匀黒者用玉沙糖或入鍋底炭也質味甘美曰羊羹乎玉燭寶典有羊肝餅之名即此類也

羊羹を竹の皮で包む。『和漢三才図会』

蛤

はまぐり

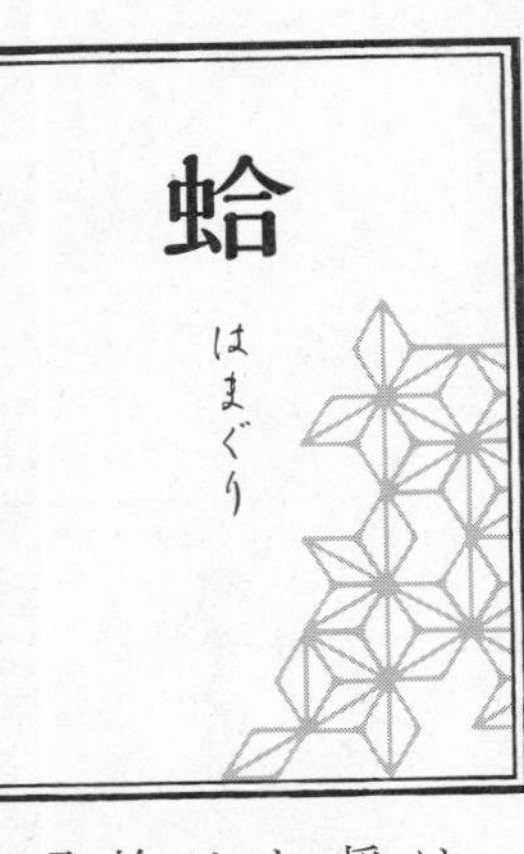

「蛤の 吸物を食って叱られる」。婚礼の食膳には**蛤**の吸物がつきもので、一説には江戸幕府八代将軍・徳川吉宗（よしむね）が定めたという（『松屋筆記（まつのやひっき）』）。ただし、婚礼の場合は汁だけを飲み、身は食べてはいけない。冒頭の川柳は、そのことを知らずに蛤の身を食べて叱られた様子を詠んでいる。この吸物は**夫婦蛤**（めおとはまぐり）と呼ばれた。なぜ婚礼に蛤かというと、蛤の貝殻は、他の蛤の貝殻と合わせようとしても決して合うことがなく、貞節の象徴だからだという。これは女の子の祭りである雛祭に蛤の吸物を食べる理由にも通じる。

かつての江戸の内海では、蛤や浅蜊が多く獲れ、春ともなれば多くの人々が潮干狩りに訪れ、江戸の人々にとって大きな楽しみの一つであった。『武江産物志（ぶこうさんぶつし）』（一八二四）では、江戸湾に面した品川、深川、佃島あたりを潮干狩りに適した土地として記し、蛤の産地として特に深川をあげている。

では獲ってきた蛤をどのようにして食べたのであろう。冒頭に記した吸物もうまいが、本草書『本朝食鑑』では、蛤は焼くのが一番で、煮るのが次、辛子酢や生姜酢で生（なま）の蛤を和えるのもよいとしている。**焼き蛤**といえば「その手は桑名の焼き蛤」で知られた桑名（三重県）の名物である。桑名は徳川家康の異父弟・松平定勝を祖とする松平氏十一万石の城下町であり、東海道の宿駅として栄えた。熱田（名古屋市）の宮の渡し場から、海上七里の船旅を経て桑名に到着する。伊勢神宮の一の鳥居があることでもわかるように伊勢参宮の表口でもあり、一年を通して旅人で賑わった。

桑名宿から西へ向かって小向、東富田の立場（街道の休憩所）では、軒端に四角い囲炉裏のような火床を置いて蛤を焼く茶店が街道の両側に建ち並んでいた。蛤は松ぼっくりを燃やして焼いている。先の『本朝食鑑』でも「蛤を焼くには松ぼっくりがよい」と書かれている。ちなみに稲草が次で、炭火は三番目である。なぜ松ぼっくりが一番なのかは「よくわからない」のだが、この焼蛤は味もよかったようで、食通で知られた歌舞伎役者の三代目・中村仲蔵も「絶品なり」（『手前味噌』）と称賛している。

蛤を佃煮風の煮物にした**時雨蛤**も桑名の名物である。もとは単に**煮蛤**と呼んでいたものが、江戸時代中頃から時雨蛤と呼ばれるようになったという。初冬、つまり時雨の降る頃に作るとおいしいことから名がついたらしい。『料理山海郷』（一七四九）の「桑名時雨蛤」では、小さな蛤のむき身を茹でて、よく水を切り、赤味噌の溜を煮たてて短冊に切った山椒の皮と麻の実を入れものに入れるとある。なお溜とは古くは味噌桶の中に笊を入れて、中にたまった液を取ったことに名の由来があるという。後に大豆、塩、麴を使った溜醤油が生まれた。約五十年後の『料理早指南初編』（一八〇一）では、大きな蛤のむき身を酒でよく煮こぼして、花かつおを沢山入れ、また酒と醬油でよく煮ると記している。『料理早指南初編』の料理法は、新たな工夫がなされ、洗練されている。

蛤藁煮という料理がある。茶碗蒸しの原形とも考えられる卵料理で、料理史家・松下幸子氏は、藁火ほどの弱い火で煮るので、藁煮の名があると推察されている（『図説江戸料理事典』）。作り方は蛤をゆがいて身を取り、卵をといて醬油を少しと、たくさんの花かつおを入れ、先ほどの蛤のむき身と木くらげの千切りも加えて、よく混ぜ合わせて蒸し上げる。食べる時には、杓子（しゃくし）やレンゲを使う。

桑名の名物・焼き蛤。『東海道名所図会』

鰊

にしん

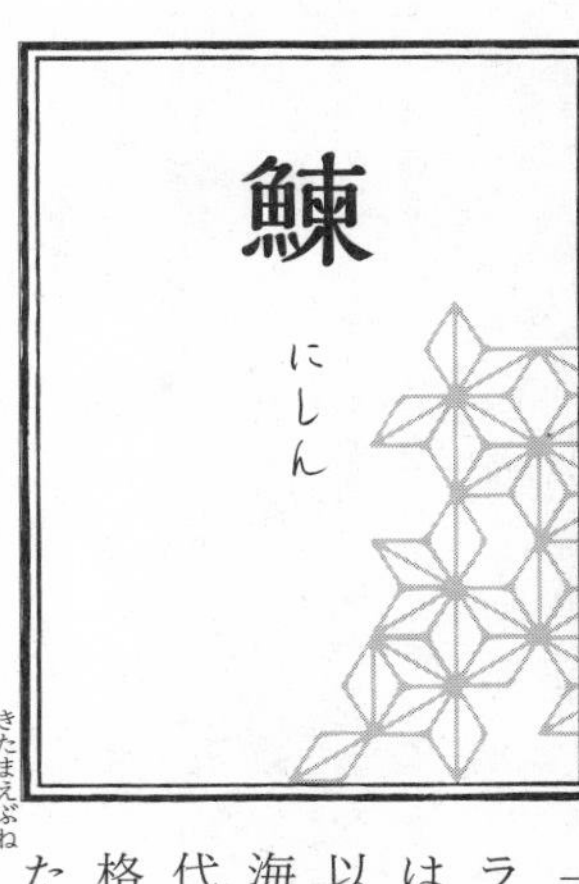

「鰊来たかとカモメに問えば」。北海道の民謡『ソーラン節』に歌われた鰊。春ともなれば、北海道には鰊が産卵のため群れをなして訪れた。江戸時代以来、最大の漁場は北海道で、特に日本海側の西海岸が名高い。北海道が蝦夷地と呼ばれた江戸時代、南部には松前藩が置かれた。松前藩は一万石格とされていたが、蝦夷地で米は穫れない。そのため藩の収入の多くは蝦夷地交易や昆布、鮭、鰊からもたらされていた。昆布は北前船（きたまえぶね）で富山など日本海沿岸の寄港地、大坂へもたらされ、さらに琉球まで運ばれた。この昆布が京都や大坂の上方料理の昆布出汁、琉球料理の味を支えている（昆布の項参照）。

さて、鰊である。文化年間（一八〇四〜一八）頃には、江戸時代の鰊漁は最盛期を迎え、江差（えさし）には三〇〇〇艘（そう）を超える船が集まり、江戸は両国にも劣らぬ賑わいを見せたという（『北夷談（ほくいだん）』）。いまだ漁法が未熟であった幕末頃にも関わらず、余市（よいち）だけで一万四〇〇〇トンもの漁獲があり、北海道全体の漁獲の多さは推して知るべしであろう。大量に獲れた鰊は食用はもちろん、それ以上に重要な役割を果たしたのが、農業用の肥料となる**鰊粕**（にしんかす）、あるいは鰊から取れる**魚油**（ぎょゆ）生産である。これらは北前船によって大坂へ運ばれると各地へ売られ、鰊粕は江戸時代に盛んになった綿などの商品作物の生産を支えた。

食用の鰊で身近なのは**身欠き鰊**であろう。鰊の頭と内臓、骨を取って二つに裂き、干したもので料理するときは水に漬けて戻して使う。この時、身を二つに裂いて二身（ニシン）となることから、鰊の呼び名が始まったという説もある。京都名物**鰊そば**も、蝦夷地からもたらされた身欠き鰊あっての名物だったのである。また京阪地方でよく食べられる**鰊の昆布巻**も蝦夷地からもたらされた味覚ということになる。みの焼きという身欠き鰊の調理法を紹介したい。夏場なら三時（五、六時間）水に漬け、たわしで良く洗い、一寸二分（約三・六センチ）くらいに切って串にさし、辛い汁に三回ほどつけて焼く、別に作っておいた醬油味の葛餡をかけ、糸のように削った鰹節をのせて食べる。

江戸時代初期の俳諧書『毛吹草』では、松前の名産品として水豹（アザラシ）や炙鯨（ヤキクジラ）などとともに鰊や**数の子**をあげている。『毛吹草』では鰊に「かど」と振り仮名がつけられている。「かど」とは鰊の古い呼名なので、「かどの子」が訛って「数の子」になったといわれている。

鰊の卵巣である数の子は、正月に欠かせない食材であるが、いつ頃から食べられていたのであろう。栄養学および食文化学者・川上行蔵氏は『山科家礼記』の記述から寛正四（一四六三）年まで遡れると指摘している。数の子は室町時代の京都で売られていたが、その数の子も蝦夷地産であろうと推定されている。江戸時代以前の数の子は、輸送の手間から、軽くて保存が利く**干数の子**であった。それを水で戻して食べるのだが、煮たり焼いたりはあまりせず、醬油や煎酒（いりざけ）、酒粕に漬けたり、白和えや辛子和えなどで食した。火を通さないのは、やはり食感が第一だからであろうか。

現在、鰊の漁獲量は激減し、数の子も黄色いダイヤなどと呼ばれているが、江戸時代は様子が違っていた。江戸を訪れた勤番武士の生活マニュアル『江戸自慢』によれば、数の子は非常に安価で飯のおかずに最適としている。文中に「水ニ漬て年中あり」とあるので、水で戻して売られていたのだろう。江戸で重宝されていた数の子だが、鰊そのものは「江戸で食べる者は稀（まれ）」（『守貞謾稿』）という状況であった。食事情の東西の違いが面白い。

鰈(かれい)・鮃(ひらめ)

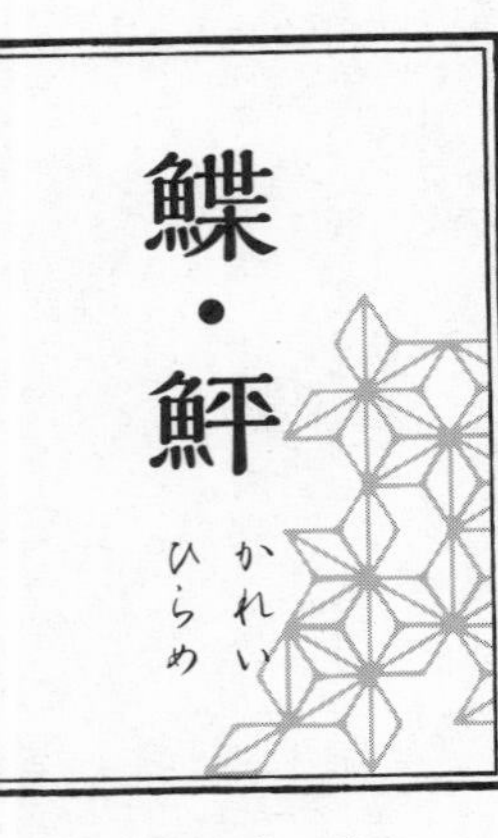

「潮干潟花の都も鰈つき」。この川柳は潮の引いた干潟に残された鰈をやすで突く「鰈突き」と呼ばれる漁法を詠んだものである。高足駄(たかあしだ)のようなものを履いて海辺に出るが、これを「金(かね)の足駄」といった。もっと大掛かりな鰈突きに「イサリ漁」がある。数人の漁師を乗せた船を潮にまかせて流し、海底をめったやたらとやすで突きまくるのである。江戸湾内でよく行われ、非効率的のような気もしないではないが、現在と違って鰈の魚影も濃かったのであろう。釣りなどでも獲られ、秋には隅田川の永代橋(えいたいばし)や佃島の渡し場などで、竿を使わない手釣りが楽しめた。

鰈と鮃(ひらめ)はよく似た魚で見分けづらく、「左ヒラメに右カレイ」といって体の中心から左右どちらかに眼が偏っていることを手掛かりに見分ける。この眼、実は成長とともに移動するという。例えば鰈は幼魚の時には左右に両目がついている。それが一～二センチ以上になると左の目が背中を半回転して体の右側に移動して右目に近づく。その頃になると遊泳をやめ、海底を主な生息の場所とする。しかし、鰈の仲間は種類も多く、中には眼の位置が逆のものや左右両方にあるものもいる。鮃は鰈より口が大きいので、口の大きさで見極める方法もある。なお、この両者には食性の違いがあって、主に小魚や海老、小烏賊(いか)などを食べる鮃に対して、鰈は主にゴカイやイソメといった虫類を食べる。

江戸の人々は鰈や鮃をよく食べた。鮃は冬から春にかけて、特に房総(ぼうそう)は九十九里(くじゅうくり)のものが有名で**銚子鮃**(ちょうし)という言葉もあった。現在では刺身や鮨種などで珍重される鮃であるが、江戸時代は下魚(げざかな)あつかいで、鰈のほうが上等とされた。なかには鮃を「下品(げぼん)」(『魚鑑(うおかがみ)』)と記した書物もあった。また、種類の多い鰈に対して鮃は一種のみで、**舌鮃**は鮃とは別の種類の魚である。

先に触れたように鰈は、**石鰈**、**星鰈**、**木の葉**(こは)**鰈**、**目板**(めいた)**鰈**、**真子**(まこ)**鰈**ほか種類が多いが、江戸では特に石鰈が多かったという(『本朝食鑑』)。石鰈の名は、背に六~七個の硬い石状の突起があることに由来し、昔は江戸前の鰈といえば石鰈を指した。石鰈は焼いても煮てもよいが、**煮凝り**(にこごり)にも適している。一般的に、鰈にはコラーゲンが多く含まれ、煮つけるとゼラチンに変化して固まりやすい。「煮こごりは箸ぽっきりと石がれい」という句があるが、硬く固まった煮凝りに箸が折れる情景を詠んでいるのであろうか。**昆布締め**にした石鰈の刺身もうまい。また鰈や鮃のすり身に塩や卵白を加え、底に穴のあいた筒に入れて熱湯に突き出せば固まって、**鰈素麺**、**鮃素麺**になる(『料理通』ほか)。

真子鰈は上品な味が身上で、煮つけや塩焼、刺身、から揚げと料理法も多い。近年、高級魚として名高い大分の**城下**(しろした)**鰈**は、この真子鰈である。また**蒸鰈**は若狭(わかさ)のものがうまい。一尺(いっしゃく)(約三〇・三センチ)ほどの鰈を海水に一晩浸(ひた)して半熟にする。その後、砂の上に置いて薦で覆い、湿気で蒸す。その後、二枚ずつ尾を糸で結んで乾かすと、寸時をおしんで京都へ出荷する。『日本山海名産図会』（一七九九）では、若狭の蒸鰈を「是天下の出類、雲上の珍美と云べし」と絶賛している。これを炙って食べれば格別で、春を彩る味わいである。江戸でも天秤棒の両側に蒸鰈を縄で沢山ぶら下げて売り歩く行商人（棒手振）の姿がよく見られた。

個人的な嗜好ではあるが、筆者は鰈の煮つけや焼いた木の葉鰈が好物で、残った骨を油で揚げてもよい。ただし珍重される縁側はどうもいけない。食べ物の嗜好は人それぞれである。

蒸鰈を売り歩く。『四時交加』

ほうれん草とレタス

ほうれん草は、明治後に渡来した新しい野菜と思われている人も多い。しかし、すでに江戸時代初期にはほうれん草は中国から伝来している。原産はコーカサスからイラン周辺で、ヨーロッパやアジアへ伝播し、中国へは六四七年にネパールから唐の太宗へ献じられた。しかし、日本への伝来は遅く十六世紀になってからで、それ以前の文献には登場しない。

漢字では**菠薐草**と書く。一方、**波斯草**と書く文献も多い。これは先のネパールをペルシャ（波斯）のことと誤ったためと言われる。菠薐の唐音から「ほうれん」と読むとも、訓読みの訛りとも言われているがはっきりしない。

俳諧書『毛吹草』によれば肥前（佐賀県、長崎県）や薩摩（鹿児島県）では**鳳蓮草**と呼ばれ、和え物にしたというので、江戸時代には既に栽培が行われていたことがわかる。

食べ物の相性が悪いことを「食い合わせが悪い」という。たとえば鰻と梅干しのようなものである。ほうれん草の場合、お歯黒の鉄漿であった。江戸時代には既婚女性のお歯黒は有名だが、男性でも公家は歯を黒く染めた。貝原益軒の『大和本草』（一七〇九）には、婦人が歯を染めた日にほうれん草を食べれば死すなどと、物騒なことが書かれている。食べ物と健康の関係について記した食養書にもほうれん草と五倍子（ふし）とを一緒に食べてはいけないと記されている（『日養食鑑（にちようしょくかがみ）』ほか）。五倍子はヌルデの葉茎に昆虫のヌルデノミミフシが寄生してできるこぶのことで、タンニンを多量に含んでおり、薬用のほか染織などに使われ、鉄漿の原材料になった。その他にも、ほうれん草を食べるとお歯黒が剝がれるとも言われた。

江戸時代の料理書『料理物語』（一六四三）によると、ほうれん草は煮物、酢菜（すさい）（蔬菜（そさい）を酢で浸したり和えたもの）、汁物の具、和え物などに使われている。その他お浸しにもされており、ほぼ現在と変わらない。『江戸料理集』で作り方を見てみると、根を取って赤い葉やチリを良く洗い落とし、一寸（三・〇三センチ）か二寸ほどに切ってから湯煮するが「少ししゃきしゃき」するくらいが良く、煮すぎをいましめている。その他にも卵料理として、しめじや胡桃（くるみ）と一緒にほうれん草も料理されていたようで（『万宝（まんぽう）料理献立集』）、その用途は広がっていった。筆者が学生の頃、安いほうれん草と卵を良く一緒に炒めた。安価で手軽な酒のつまみである。

江戸時代のほうれん草の葉先はとがっていたが、幕末から明治に欧米から葉先の丸い西洋種がもたらされた。しかし、日本人の嗜好にあわなかったため普及せず、大正末年以降に東洋種と西洋種が自然交雑した中間的な品種が好まれ、全国に広まった。

ほうれん草と少し似た由来を持つ野菜に萵苣（ちさ）がある。ほうれん草に比べれば古く、奈良時代には栽培されていた野菜で、国語辞典を引くとレタスやサラダ菜などのキク科の野菜のこととあり、これを和え物にすると書かれている。もちろん現在のレタスやサラダ菜と全く同じ姿ではないが、植物的には同じ物だという。

萵苣は江戸時代の落語にも登場する一般的な野菜で、料理法はほうれん草とほぼ同じだが、油揚げや小鮎（こあゆ）の添え物、醤油や酢をかければ**ちさなます**となった。また、萵苣の茎の皮を剝いて、なますや煮物にするが、これを**ちさのとう**と呼んだ。ちなみに焼き肉につきもののサンチュも萵苣の一種だという。明治後の渡来とばかり思っていたレタスやサラダ菜が古く奈良時代から日本にあったと言うことが驚きであった。

江戸時代のサラダ菜・萵苣。『成形図説』

馬鹿貝と赤貝

ばかがい　あかがい

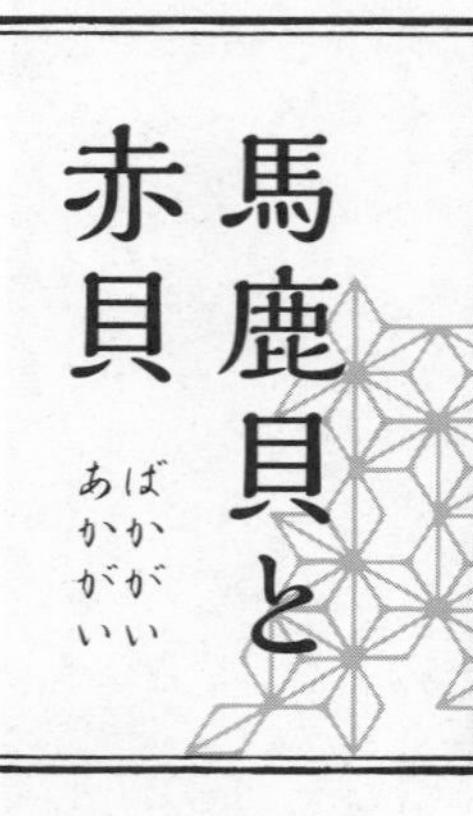

江戸の海では沢山の貝が獲れる。潮干狩りは江戸の春の風物詩。多くの人々が楽しみ、獲った蛤や浅蜊が食卓を賑わせる。ほかにも獲れる貝の種類は多いが、**馬鹿貝**もその一つ。馬鹿とはあまりと言えばあまりな名前だ。由来には諸説あり、死ぬと口をあけて赤い足をだらりと出す姿を、馬鹿者が舌を出している姿に見たてたとも言われる。

　現在では馬鹿貝より**アオヤギ**の名がなじみ深い。これは上総国青柳村（千葉県）で多く獲れたことに由来する。また行徳（千葉県）あたりでも盛んに獲れ、「私は行徳ばかの むき身売り」という古川柳が残されている。『守貞謾稿』によると江戸深川では、馬鹿貝をはじめ多くの貝が獲れ、**むき身**にして江戸市中で売られたという。むき身と言うのは貝殻を取って身だけにしたものを言い、振売り達が街々を売り歩き値段も安かった。

　紀州和歌山藩士・酒井伴四郎は、万延元（一八六〇）年に蛤を六回、馬鹿貝を三回購入しているが総てむき身で、購入した馬鹿貝のうち一回は「むき身一串」とあり、串刺しでも売られていたようだ。また、購入場所のほとんどは「内」とあるので、藩邸内の長屋に商人が売りに来ている。串の馬鹿貝を味噌を塗って焼けば田楽となる。

　むき身の馬鹿貝は酢の物や刺身などで食べられ、鮨種にもなった。しかし、馬鹿貝は身より**貝柱**のほうが重宝されていた。先ほどの『守貞謾稿』には「馬鹿は柱のほうが身より高く、貴人達も柱を食べる」とある。また同書には蕎麦屋の値段書きが記されており、中に「あられ　代二十四文（四八〇円）」とある。説明に「あられ　ばかと云貝の柱そばの上に加ふを云ふ」と書かれている。つまり馬鹿貝の柱を蕎麦の上に載せた**あられ蕎麦**だ。かけ蕎麦十六文より高く天ぷら蕎麦の三十二文より安く、あぶった浅草海苔を揉み入れた花巻蕎麦と同じ値段である。海苔も小柱も蕎麦の種物として重宝されていた。なお現在は、あられ蕎麦を冬のメニューとする蕎麦屋も多い。しかし江戸時代、今のように蕎麦の上に海苔を敷いて小柱をかけたかは不明である。ちなみに右に記した蕎麦の値段は、幕末には高騰している（蕎麦の項参照）。

　赤貝も身近な貝である。『古事記』にも記され、古くは「蚶」と書き「キサ」と読んでいる。虫偏に甘いと書くのは肉が甘いところに由来している（『和漢三才図会』）。『料理物語』には赤貝の料理法として汁、**殻焼き**、煮物、串焼き、なます、ころばかしが記されている。殻焼きは貝殻を火にかけて焼く料理で通常は貝焼きといわれた。ころばかしは、焦げないように煮るもので煮転がしの事である。また出汁、酒、醤油の汁を煮立たせて赤貝を入れる**ふくら煮**という料理もあり、そのまま食べても、または山葵（わさび）味噌に柚酢（ゆずす）を入れてかけても美味しい（『料理綱目調味抄（りょうりこうもくちょうみしょう）』（一七三〇））。赤貝の**和煮**（やわらかに）はひもを取った身を紙に包んで、手毬のように土間に叩きつけて煮れば、箸で身を切れる程に柔らかくなる。また、まな板の上に置いた赤貝を大根で叩いても柔らかくなるという(『四季献立集』)。

しかし、江戸の名町奉行として名高い根岸鎮衛(一七三七〜一八一五)は随筆『耳嚢』の中で、赤貝を叩くのは肉を損じるので避けるべきだとし、熱湯の上に箸のような長いものを渡し、そこに赤貝を置いて蒸す方法を、人から聞いて書き記している。

そら豆

まめまめしいという言葉がある。誠実で、身軽に良く働くさまを意味している。この言葉を「豆豆しい」と覚えている人も多いと思うが、正しくは「忠実忠実しい」と書く。実に意味と文字が似合っている。豆類にも〝まめまめしい〟ものがあって、それが**そら豆**である。そら豆の忠実忠実しさについては後ほど述べるとして、その歴史に触れておきたい。

伝説では天平八（七三六）年インド人僧・菩提僊那が中国経由でもたらしたとされる。しかし、文献に現れるのは十七世紀前期の『日葡辞書』などに青豆として。同時期の林羅山の『多識編』ではそら豆、別名「胡豆」として紹介されている。「胡」とは外国のこと。貝原益軒の『大和本草』には「近年異邦より来る故、西土（西国）にては唐豆と云う」とあるので、江戸時代初期に中国から日本に伝来したのであろう。

そら豆は莢が天を向いているところから「空豆」、形が蚕に似ているので「蚕豆」などと書き、ほかに「新豆」「四月豆」「五月豆」との字を当てたり、大和国（奈良県）で多く植えられたので「ヤマトマメ」などと呼ばれる。

では、そら豆の忠実忠実しさをご紹介したい。農作物の作り方や利用法に詳しい『農業全書』によれば、そら豆は穀類（本書は豆類も穀類に分類）の中で最初に成熟し、若い莢を煮れば菓子になり、麦より先にとれるので飢饉に役立ち、麦に混ぜて飯にすれば美味い。また麦で餅を作る際、沢山のそら豆粉と少しの麦粉を合わせることで麦の節約にもなる。さらに味噌の原料にもなり、麦餅の餡にもなる。その上、日陰や痩せた土地でもよく繁り、「子孫繁昌草」とも呼ばれる。まさに忠実忠実しい豆なのである。

そら豆を食べる時には、若い豆は煮て食べ、熟せば煮るほかに炒めたりもする。**そら豆飯**はまず、洗った豆を釜で煮て、三、四度沸騰させてから煮汁を捨てて水で洗い、洗米と合わせて炊く。塩を一匙入れるのがコツである。また、莢のまま焼いたそら豆も筆者の大好物で、新型コロナの自粛中にも、焼いてもらったそら豆を肴にして酒を飲み、旬の味を楽しんだ。

そら豆を炒めれば弾けて**はじき豆**になり、塩味をつけて**豆菓子**となる。このことから大阪では、そら豆のことをはじき豆と呼んでいる。そら豆の菓子をもう一つ。大粒なそら豆を水に浸して、砂糖で煮れば甘い**富貴豆**となる。『和漢三才図会』には「未醤に漬ける」とあるが、そら豆を煎って醤油などに漬ければ香川県特産の醤油豆となる。

日本における豆といえば大豆や小豆がまず思い浮かぶが、そら豆をはじめ多くの豆類が食べられてきた。例えば江戸時代に黄檗宗を日本に伝えた隠元禅師がもたらしたと言われる**隠元豆**も多く作り続けられてきた。ただし、禅師がもたらしたのは実は藤豆という別種の豆だともいう。いずれにしても『大和本草』に「近年異国より来る」とあるので、隠元豆は江戸時代前期に中国からもたらされたのだろう。隠元豆には手亡(てぼう)、虎豆(とらまめ)、鶉豆(うずらまめ)ほか種類が多く、煮豆や菓子の餡に利用されている。

筆者は豆料理といえば**豆ご飯**をすぐに思い浮かべる。一四九種もの米飯の料理法を記した『名飯部類』の目次には、赤小豆飯、蚕豆飯、緑豆(ぶんどう)飯、豌豆(えんどう)飯、紅豆(ささぎ)飯、大豆(まめ)飯、黒豆飯、青大豆(あおまめ)飯、寧楽茶(ならちゃ)飯（大豆）、赤飯(せきはん)（小豆）が記されている。その項目の多さから、飯と豆の相性の良さがうかがえるが、筆者は、五月に京都に行けば、よく訪れる店で必ず豆ご飯を食べる。ほどよく塩味の効いた豆の味わいがご飯と美味しく、その店の常連の中には、わざわざ豆ご飯を食べに関東から京都に来るという人がいるほどであった。

そら豆の図。『成形図説』

梅

うめ

「あたり見て 嫁梅の木を二度ゆすり」。梅は非常に古くから食べられてきた果実である。しかし、梅干のように加工することがほとんどで、生の青梅を食べることは比較的すくない。それは生の梅の核(たね)には毒があるからともいわれている。ただ、その酸味が楽しまれることも多い。冒頭の古川柳は、若嫁が妊娠したことを悟(さと)られぬように、あたりを見回してから木をゆすって、青梅を落とすというもの。妊婦は殊(こと)の外酸味を好むことからの句である。

梅は食用の他、古来より日本人に親しまれている。たとえば馥郁(ふくいく)たる梅の花の香りは春の訪れを感じさせ、まさに百花(ひゃっか)の魁(さきがけ)であり、桜と同じく春に欠かせない花であった。また、古くから和歌や漢詩、俳句などに詠まれ、ほかに工芸品や絵画の画題にもなっており、身近な存在であった。

梅は中国原産で、奈良時代以前に日本へもたらされたという。その食べ方といえば、まずは梅干であろう。思い浮かべただけで口の中につばが出てくる。今、私自身が酸っぱさを感じながらこの文章を書いている。食文化研究の大家(たいか)・川上行蔵氏によれば、梅干が食膳にのせられたのは鎌倉時代のこと。当初は僧侶の食べ物で、武士の祝い膳にはふさわしくないとされた。

話がそれるが、羊羹は中国で羊の肉のスープであったものを、鎌倉・室町時代に禅宗の僧侶が精進料理に工夫したものである。室町時代に描かれた羊羹をのせた食膳の絵には、穀物や豆で作った羊羹と汁、酢漬けの野菜、山椒に加え、梅干が置かれている。汁に山椒を入れ、羊羹にかけて食べ、野菜と梅干で味にアクセントをつけるのであろう。羊羹は禅宗寺院から広まったものなので、梅干が僧侶の食べ物だったというのも納得がいく。

しかし、この当時の梅干は赤くはなく、中国でいう白梅というものであった。中国での作り方は、未熟な梅の実を塩水に漬け、昼は日に干して夜は元の塩水に漬けるというのを、それぞれ十回ずつ繰り返したらしい。日本での白梅の作り方はよくわからないが、本家中国に近かったのであろう。赤い梅干が登場するのは比較的新しく、江戸時代のことである。『本朝食鑑』によれば、梅を生の紫蘇(しそ)で包むと赤くなるという。この赤い梅干を「珍」としているので、当時としては大変珍しいものであったらしい。ただし生の紫蘇では効率が悪い。これより時代は下るが、さまざまな漬け物の方法を記した『四季(しき)漬物塩嘉言(つけものしおかげん)』(一八三六)には「梅一斗塩三升、紫蘇の葉多少見はからいにて漬ける」とある。梅と紫蘇を一緒に漬け込むことによって大量に赤い梅干が出来ることになった。梅干は町家や武家はもちろん多くの家々で使われている。宮中も同じで、文政三(一八二〇)年五月に禁裏で漬け込むための梅七石(一二六〇リットル)と塩五二〇貫(一九五〇キログラム）を入札で購入しようとしている（『京都町触集成』）。

さて、種を取った梅干を裏ごしにかければ梅肉となる。梅肉はいろいろな料理の味を引き立てるが、湯引きした鱧にはとくに合う。ほかに梅の利用では、水に漬けて塩味と酸味を取り裏ごしして、砂糖と一緒に煮込めば**梅醤**。梅干と鰹節を酒と醬油で煮て、皮を取った銀杏や木くらげを細かく刻んで入れれば**梅が香**というなめ物になる。また青梅二升と白砂糖七斤（四・二キロ）と三年物の酒五升で漬ければうまい梅酒となる（『黒白精味集』（一七四六））。漬けた梅も良い肴になった。

江戸吉原の茶屋では、夏に作った甘露梅を正月の配り物などにしていた。塩漬けした青梅の種を抜き、紫蘇で包んでから酒を加えた砂糖蜜に漬ける（『料理早指南』四編（一八〇四））。現在でも梅で有名な小田原（神奈川県）などで作られている。

東海道・生麦村の茶店で梅干を売る。『江戸名所図会』

夏

茄子

なす

秋茄子は嫁に食わすな、という。そのわけについては後ほど触れる。茄子は現在でも料理法の多い、大変身近な野菜だ。インド原産で早くに日本へと伝わり、奈良時代の正倉院文書には、漬け物の材料として記録されている。鎌倉時代以降は料理にも用いられ始め、江戸時代に入ると、実に多種多様な調理法が考案されるようになった。

江戸時代に茄子料理として、よく登場するのが**鴫焼**である。『黒白精味集』には、へたとじくがついたままの茄子を縦に割って、内側を縦横に深く包丁を入れ、油を引いた鍋で下焼きをし、その上で辛くした胡麻味噌を内側に塗って焼く、とある。そのほかに輪切りにする方法、辛子味噌や醤油を使う方法もあるが、共通しているのは油を使うことだ。確かに茄子と油の相性は抜群である。なお、鴫焼という名の由来は室町時代にさかのぼる。当時、茄子をくりぬいて鳥の鴫の肉を入れて、酒で煮詰める**鴫壺**という料理があった。後にその鴫壺が、茄子を焼いて、枝で鴫の頭の形を作って置く**鴫壺焼**という名の、鴫を用いない茄子の料理へと変化し、鴫焼の元となったという。

江戸時代中期には江戸の人口は一〇〇万に達し、そこに住む人々の食欲を満たすために各地からさまざまな食材がもたらされた。馬や舟、人力と運送手段の限られた当時、日持ちのしない野菜は江戸近郊で作られ、砂村（江東区）、千住（足立区）、寺嶋（墨田区）などが、茄子の名産地として知られるようになり、〝砂村茄子〟のようにそれぞれの地名を冠して呼ばれた。その茄子の形もいろいろあり、大阪では長く、江戸のように丸い茄子はまれだという（『街能噂』）。

江戸っ子は初物好き、それも人より早く食べたがる。そこで生まれたのが野菜の促成栽培だ。天明年間（一七八一～八九）、中田新田（江東区）の松本久四郎が考案した方法は、畑に温床を作り、そこに魚河岸から出る塵芥（江戸ごみと呼ばれた）をワラや落ち葉と合わせて発酵させ、熱を得るものだった。温床はムシロで囲って油紙で覆い、時には炭火も用い、さらにムシロで外囲いをした（伊藤好一『江戸近郊の蔬菜栽培』）。

収穫の最盛期に先だって栽培された野菜は、江戸市中で売りさばかれた。後に砂村が中心となり、江戸東部に促成栽培が発展していった。中でも、いち早く夏を感じさせる初茄子は、高価なものの、人々の楽しみとなっていた。しかし江戸幕府は贅沢を抑制するため、季節に先だって食物を販売することを禁止し、茄子は旧暦五月節（芒種、新暦六月六日頃）からの販売とした。ただ、こうした初物禁止令が度々出されているということは、江戸の市民がお触れを守らなかった証拠だろう。

さて〝秋茄子は嫁に食わすな〟の話である。これは鎌倉時代の古歌「秋茄子はわささの糟につけまぜて嫁にはくれじ棚におくとも」に由来するといわれて来た。わささとは、まだ漉す前の早酒のことで、この古歌に登場する茄子とは、早酒の糟で漬けた茄子のことである。元々、美味しい秋茄子を酒の糟漬けにして、より一層美味しくした茄子は嫁には食べさせない、要は嫁いびりの言葉である。ただ一方、茄子は体を冷やしてしまうので食べ過ぎると腹を下し、また子宮を傷つけてしまうので嫁に食べさせてはいけないとも言い、嫁をいたわった言葉だという説もある。いずれにしても、秋茄子のおいしさが伝わってくる話だが、先の古歌は、食物史家・平野雅章氏によれば、江戸時代の創作だと指摘されている。

長茄子と丸茄子。『成形図説』

鰹

かつお

「女房を 質に入れても 初鰹」。そんな川柳(せんりゅう)が作られるほど、江戸の人々を熱狂させた初鰹。初物好きの江戸っ子の中でも、初鰹は特別な存在であった。元禄（一六八八〜一七〇四）頃、松尾芭蕉(ばしょう)の門人、宝井其角(たからいきかく)は「まな板に 小判一枚 初鰹」という句を残している。時代は下って文化九（一八一二）年に、歌舞伎役者の三代目中村歌右衛門が鰹一尾を三両で買ったという話はよく知られているが、三両と言えば最下級の武士の一年間の俸禄(ほうろく)三両一分とほぼ同じ、とてもではないが庶民の手の届く値段ではない。では、なぜそのように値段がつり上がったのか？

サバ科の鰹は大群で黒潮海域を回遊し、新暦三月頃に四国沖、四月に和歌山沖、青葉の頃に鎌倉沖に到達する。有名な「目には青葉 山ほととぎす 初鰹」という句は、まさしく江戸に鰹がもたらされる季節を巧みにとらえている。江戸幕府の触(ふれ)でも鰹の販売時期は、四月（新暦五月頃）からだったが、少しでも早く初物にありつきたい江戸っ子のために、漁師たちは鎌倉沖から小田原沖へ、西へ西へと漁場を移し、獲った鰹を押送船(おしおくりぶね)という高速船に乗せて江戸に運んだ。これだけ手間をかければ値段も高くなる。押送船は葛飾北斎『富嶽(ふがく)三十六景』の「神奈川沖浪裏」で、大波を乗り切って疾走する船である。

通常獲れた鰹の多くは塩蔵にしたが、より高い値段が見込める鮮魚を江戸日本橋の魚河岸へ送った。ただし、これは多分に投機的なもので、安房国相浜村（現千葉県館山市）の名主の日記によると「鮮魚の鰹を押送船で江戸に送ったが大分損をした」と記している。原因は二つ、第一は江戸の相場変化が激しいこと、第二は天候だ。帆走と漕走を併用して高速航行を行う押送船も風がなければ櫓に頼らざるを得ず、販売時期を逸することも多かったからだ。

江戸っ子を熱狂させた初鰹だったが、漁獲量が年々増えるにつれて値段も安くなり、天保年間（一八三〇～四四）には最盛期の十分の一、安いもので二百五十文ぐらい、現在の貨幣に換算すると五〇〇〇円ほどになる。万延元（一八六〇）年、単身赴任で江戸に滞在した酒井伴四郎は一年間に十五回ほど鰹を購入しているが、一回あたりの購入金額は三十文ほどで、下級武士にも手の出る値段であった。もっとも彼が買ったのは塩鰹か片身ばかりであった。

鰹料理と言えば**たたき**が有名だ。皮に焦げ目をつけ、肉の内側は白くなる程度に火であぶり、水をくぐらせたり、濡れた布巾で冷やしたりする。その身に塩をふり、酢でなじませた包丁でたたいて刺身にして食べる。たたきという名も包丁でたたくことに由来する。現在、薬味はおろしにんにくなどを使うが、江戸時代は辛子で食べた。

小川叩というのは、鰹をよくたたき、杉板に付けるか藁を束ねた藁づとの中に入れて熱湯にくぐらせる料理だ（『料理物語』ほか）。また九州や高知で鰹節と味噌を和えた**鰹味噌**が売られているが、味噌を使った鰹料理に**法論味噌**（ほろみそ）がある。山椒やクルミを味噌で和え、ほろほろになるまで鍋で煎（い）って生鰹を混ぜたという（『料理塩梅集』）。

鰹は足が早い。鮮度の落ちた安物を食べるとたちまち腹を壊す。先の酒井伴四郎も到来物の鰹を肴（さかな）に藩邸の長屋で仲間たちと酒盛りをしたが、その夜に皆が激しい腹痛と下痢に襲われ、代わる代わる雪隠（せっちん）に通っている。

鰹のもう一つの利用法が**鰹節**（かつおぶし）である。古代から鰹は食べられていたが、腐りやすいために天日や火を使って乾燥させたものが食べられ、固くなることから堅魚（かたうお）などと呼ばれた。その後煮熟した後に燻製する方法が考案され、さらに工夫が加えられて、江戸時代には本格的な鰹節が完成した。用途も調味料（鰹出汁（だし））が主なものとなり、日本料理の発展に大いに寄与した。ちなみに江戸時代の鰹節は、小刀で削っている。現代にくらべて少し柔らかだったという。

初鰹売り。『四時交加』

鰻
うなぎ

二〇一三年、**ニホンウナギ**（以下鰻）が絶滅危惧種に指定された。近年、鰻の稚魚（ちぎょ）であるシラスウナギの遡上が激減したことが原因で、今後は鮪（まぐろ）同様に資源保護の必要性を感じる。それは何より日本の食文化の保護につながるからだ。

鰻は日本のはるか南方の海で産卵して、孵化（ふか）した稚魚は海流に乗って日本の河川（かせん）に戻る。成長後は再び産卵のために海を目指して川を下るのだが、その生態は不明な点が多い。しかし、鰻は古くから日本人の食卓にあがっており、万葉集にある大伴家持（おおとものやかもち）（?～七八五）の「石麻呂に吾れ物申す夏やせによしといふものぞ武奈伎（ムナギ）取りめせ」という歌は、夏やせにはウナギがよい、と言う内容だ。これはウナギの栄養価が高く、滋養に富むことを古代の人々も知っていたことを示している。

鰻といえば**蒲焼き**（かばやき）である。さばいた後、串打ちされた鰻を焼いて、タレに漬けて再び焼く……これを繰り返すことで生まれる香りこそ、蒲焼きの醍醐味だろう。ただ蒲焼きといっても関東と関西では随分作り方が異なり、関東の場合は背から裂く。武士の多い江戸では腹から裂くことが切腹を連想させ、縁起が悪いと嫌がったというが、身の薄い腹側が内側になり、蒸したときに形が保たれるという利点もあったようだ。さばいた鰻を蒸すのが関東風の大きな特徴で、余分な油が抜けてふんわりと焼ける。また江戸ではタレに砂糖と香りのよい濃口醤油を使い、さらにみりんを加えて照りと香りを増している。なお関西では腹から裂いて、蒸さずに焼き上げ、タレに二〜三回浸し、軽くあぶる。

蒲焼きの姿も、今と昔では随分と違っている。『大草家料理書』によれば、室町時代まで鰻を丸のまま口から尾まで串を通して焼いて切り、醤油と酒を交ぜて付けるか、山椒味噌を付けた。この串焼きにした形が蒲の穂に似ていたので蒲焼きといった。ただ、この方法だと火の通りが悪いので、江戸時代になると生の鰻を裂いて小さく切ったり、開いたりと、料理法に工夫がなされた。

それまで手書きの写本で伝わった料理書を初めて印刷して、料理法をより多くの人々に伝えた『料理物語』には**なます**、**さしみ**、**すし**、**かばやき**、**こくしょう**（濃漿）、**山椒みそやき**などの料理の名が並んでいる。ここでいうさしみは生食ではなく、鰻を白焼きにしたもので、茹でた青菜に酢、みりん、砂糖、塩をまぜて裏ごしして出来上がる青酢で食べたという。鰻の血は有毒で眼に入れば結膜炎、傷口につくと皮膚炎を起こすので生食は避けられていた。また同書にある味噌を濃く溶いた煮物のこくしょうや鰻につきものの山椒を混ぜた味噌を塗る山椒みそやきも食欲をそそる一品だ。

享保七（一七二二）年八月、管轄町内に茶屋のある名主たちが江戸町奉行所に集められた。理由は辛子酢で鰻を食べて三人ほど死んだという情報があるので、各町の茶屋を確かめて報告しろというもの（『江戸町触集成』）。結局そのような事実は確認出来なかったそうだが、いかに鰻が人々に親しまれ色々な食べ方がされていたことを象徴する事件である。また、大田南畝は長崎で鰻を酢味噌で食べる例を紹介している（『一話一言』）。

ちなみに鮨屋でよく使う「江戸前」という言葉だが、実はウナギ屋が先に使っていた言葉だと言う。隅田川河口辺りで獲れる鰻を江戸前鰻と言い高級品、それ以外は旅鰻といって品質が劣るとされた。

江戸前の鰻を焼く。『職人尽絵詞』

鯵

あじ

現在、**鯵**と言えば、秋刀魚に鯖、鰯などとならんで大衆魚。しかし、江戸時代はそうとも言えなかったようである。その話はしばらくおくとして、江戸時代の食や魚を記した書物によれば「江戸前の鯵は他のものに比べてうまい」（『魚鑑』）、「江戸で作られる鯵の料理は江戸の宝である」（『本朝食鑑』）などとあり、江戸に住む人々にとって馴染みの深い魚であった。

鯵は真鯵、目鯵、室鯵ほか種類が多いが、真鯵の人気が高い。漁期は春の末から秋の末、夏が最盛期で文化一一（一八一四）年の六〜七月（現代の七〜八月頃）には、釣り人一人につき二〇〇〜三〇〇匹の釣果があったという（『釣魚大全』）。脂が多い割にクセのない味で、調理法は刺身、焼き物、煮物、天ぷら、なます、南蛮漬け、鮨など多種多様である。鮨に**笹巻鮨**というのがある。握った酢飯の上に、塩をして酢で締めた鯵などをのせ、熊笹の葉で巻いたものである。巻いた後は桶に入れ、重しの石を乗せるいわゆる押し鮨である。足の早い生魚は鮨の種に使わず、酢締めなどの下拵えをするのが江戸流で、マグロのづけも同様だ。笹巻鮨は、魚の小骨を毛抜きで抜いたので**毛抜鮨**の名もあった。『守貞謾稿』によれば、笹巻鮨は十六文（三二〇円）という結構な値段で売られていたが、竈河岸（現・中央区日本橋人形町付近）の店では十二文で食べられたと記されている。現在、東京神田小川町（千代田区）に、笹で巻いたけぬき鮨の店が残っているが、元禄十五年創業ということである。植物の葉で包んだ鮨といえば、薄く切った塩鯖を酢飯にのせて柿の若葉で包んで圧した奈良の郷土料理・柿葉鮨がある。いずれも素材だけでなく笹葉や柿葉の香りも楽しめる。

鰺といえば干物を思い起こす人も多いと思う。日に干すことによって味が濃くなり、鰺の旨味が増す。内臓を取らずに干した丸干しもあるが、やはり干物といえば、内臓を取って開いた開き干しの方が多く、開きの場合はカルシウムなどのミネラルが豊富である。旨味が増すだけでなく、保存が利くようになるので干物にされる魚は数多い。先の『本朝食鑑』によれば鰺の干物は一年を通して作られるが、特に冬と春の頃は魚が痩せていて味も劣るので、漁師たちはもっぱら干物にして販売していたという。鰺の干物は適度な塩気があり、醤油をそれほど使わなくともおいしく食べられ、江戸の食卓を賑わしていた。勤番武士の江戸生活マニュアル『江戸自慢』では「貴し」とあるので、彼らにとっては値の張るものだったのであろう。江戸勤番中の酒井伴四郎の万延元（一八六〇）年の日記には、高価な鰺の干物を二五枚も仲間からもらっている。折角の鰺の干物、夕飯は茶漬けで我慢して、一日に一度飯を炊く昼食の時にみんなで食べようとしていたところ、同じ長屋に同居する食いしん坊の叔父が真っ先に食べてしまった。折角の鰺の干物が残念な結果となった伴四郎の落胆が伝わってくる。

室鯵のように鮮度が落ちやすく、味も劣るため生食に適さない種類の鯵でも、干物にすると味も少しよくなると、先の『本朝食鑑』にある。室鯵といえば、伊豆諸島の名産品である**クサヤ**の干物にもよく使われている。塩辛い汁に魚を漬けてから天日干しにする。独特の風味と臭いがあって敬遠する向きも多いが、愛好家も多い。この臭みは何度も使い古した塩水からくるもので、八丈島などに流された流人たちの工夫という伝説もある。クサヤには鯵の一種であるクサヤモロなども使われ、江戸でも売られていた。

元は房総（千葉県）の漁師料理だったのが鯵の**なめろう**だ。細かく切った鯵を葱や生姜、味噌などと共に包丁で叩いたもので、新鮮な鯵が手に入る海浜ならではの料理である。その歴史は不明なことも多いが、魚の保存や流通が著しく改善された現在、広く食べられるようになっている。一度などは、京都に行った折によくいく店で、鯵のなめろうを出されたことがある。聞けば大将が修行中に、関東出身の先輩に教わったという。

鱧
はも

「飯鮓の**鱧**なつかしき都かな」。松尾芭蕉に俳諧を学んだ榎本（宝井）其角の句である。江戸を中心に活躍した其角だが、生涯に三度ほど上方を旅している。この句はかつて訪れた京の都で食べた飯鮨の味わいを懐かしみ、詠んだものである。飯鮨とは、もともと飯に魚肉を混ぜて漬け込んで発酵させたものだが、其角が詠んだ飯鮨は別物。京都は六条の名物で、鱧を飯の上に置き、松茸や竹の子を載せた**押し鮨**のことを指す。鱧にその時々の季節の味覚が加わり味を豊かなものにしている。

海のない京都で、なぜ海魚である鱧の鮨が名物なのか。鱧は魚類の中でも特に丈夫で、長い時間、水から上げておいても生きているほど生命力が強い。そのため、海が遠い京都にとって重要な海魚であり、京で鱧料理が発達した理由もここにあるだろう。

現在、東京において鱧は、馴染みの薄い魚で、関西を旅行して初めて食べたという人も多い。私自身、京都旅行の時初めて鱧を食べた。ちなみに京都における鱧の消費量は全国の四割近くを占めており、逆に東京は非常に少ない。天保二（一八三一）年に刊行された魚類事典『魚鑑』には、鱧は摂津・和泉（大阪府）や紀伊（和歌山県）、播磨（兵庫県）の海で多く獲れ、京や大坂では「実に魚中の珍（珍重すべきもの）」であると記されている。まさに上方を代表する魚である鱧だが、馴染みが薄かった東京でも、近年消費量が少しずつ増えているという。

　鱧はウナギ目ハモ科に属するが、どちらかといえば穴子に近い（『魚の博物事典』）。鰻のような長い魚体で鱗はなく、鋭い歯を持っており、性格はいたって攻撃的である。所構わず嚙みつき、漁師たちも油断出来ない。鱧という名は「食む」から来ているともいわれ、姿かたちからは、その淡白でありながら脂も多い上品な味はとても想像出来ない。深い味わいが楽しめる鱧だが、『魚鑑』では、**蒲鉾**にすれば最上としている。また醬油で焼けば鰻の蒲焼より上品とある。ただし、小骨が非常に多く、そのままでは食べることは出来ない。通常は腹を開いて皮を下にして置き、二ミリ程度の幅で皮を切らずに庖丁を入れていく。骨切りといわれる技法だが、現在の関西では、鱧の骨切りが出来て料理人も一人前と聞く。

　鱧の漁期は、新暦の五月から十月で、特に梅雨の間が旬である。これは「鱧が梅雨の水を飲んで美味くなるから」ともいわれている。大阪の天神祭、京の祇園祭にはつきもので、上方の夏祭りになくてはならない存在である。一方、秋の味覚である松茸の土瓶蒸しとの相性もよい。

　また**酢の物**や**天ぷら**、**鱧ちり**、**鱧落とし**、**鱧鮨**、**たたき**、**つけ焼き**、**吸物**と調理法も数多い。鱧落としは骨切りした鱧を湯引きして水気を切り、梅肉をつけて食べる。上品な味わいの鱧だが、梅肉の強い酸味に決して負けてはいない。また、さっと炙ったたたきも、温かさの中に鱧の味わいが感じられておいしい。つけ焼きは串を打った鱧を皮側から焼いて甘いタレをつける。焼いて醤油をつけるのもさっぱりとしてよいが、酒とみりん、醤油、砂糖で味つけしたコクのあるタレも捨てがたい。

大坂の鱧。吸い物、焼き肴、蒲鉾に用いる。『街能噂』

昆布

こんぶ

師走（しわす）も十三日となれば事始め、新年を迎える準備を始める日で、煤払（すすばら）いや注連縄（しめなわ）張りが行われ、正月用の餅つきも年末の風物詩となっている。正月の餅といえば鏡餅がまず思い浮かぶが、地域や家々で姿かたちは随分と異なり、なかには昆布を下に敷いた丸餅に伊勢海老や干し柿が載っている豪華なものもある。この昆布、古くから縁起物（えんぎもの）としても重宝（ちょうほう）され、現在でも「よろこんぶ」などという言い回しが使われている。

昆布といえば、和食に欠かせない出汁の素である。この出汁も地域によって大きな違いがある。江戸時代後期に江戸の料理文化は全盛期を迎える。江戸で重宝されたのは鰹節の出汁、そして味醂や砂糖を加えた江戸料理特有の甘い味だ。対して、京や大坂といった上方では昆布の出汁が好まれ、現在の和食にとって重要な味わいとなっている。

なぜ、京で昆布なのだろう。昆布は縄文時代から採られており、奈良時代以降多くの文献に登場する。室町時代の京都を中心に発達した狂言にも「昆布売」の演目があり、京都で古くから昆布が使われていたことがわかる。昆布は寒海性で三陸沖から北でしか生息しないが、なかでも上等なものは蝦夷地（えぞち）（北海道）産のものだ。昆布は、夏に収穫され天日干しされ、日本海を経由して、若狭国（福井県南西部）の小浜や越前国（福井県北東部）の敦賀で陸揚げされた。そして**若狭昆布**として若狭街道や琵琶湖の水運によって京都に伝わり、今度は京都で加工され、**京昆布**の名で売られた。

江戸時代前期までは同様の流通経路であったが、北廻り航路の開拓により、昆布は蝦夷地から日本海を通って下関（山口県）へ届き、瀬戸内海から大坂へもたらされるようになった。すると、今度は大坂が流通の要となって昆布が多く集まった。こうして大坂や京の上方で昆布が主役となり、食材として多く使われるようになった。ただ小浜などは現在でも昆布加工で大きな位置を占めている。

昆布の利用方法は数多い。塩をした魚を昆布で挟み、風味を移した**昆布締め**や**昆布巻き**などもある。ほかの食材と一緒に合わせることも多く「昆布に油揚里芋のお平」という言葉は、昆布と油揚げの相性が良く、里芋はお平椀に盛るので、取り合わせ良い調和のとれた様子を示す言葉である。**佃煮**、**塩昆布**、**とろろ昆布**や**おぼろ昆布**、**昆布菓子**にも加工されている。昆布菓子は京を中心に発達しているが、**みずから**と言う菓子もある。昆布を水に漬け軟らかくして四角に切って、辛い朝倉山椒を昆布でくるみ、薄い昆布を細長く切ったもので結んで天日に干す。見なくとも名前を聞いただけで辛いので「見ず辛」と呼ばれたと言う。茶会でも使われたが、虎屋の古文書によれば禁裏御所にも納められた。他に昆布菓子といえば、**酢昆布**の味を思い起こされる方も多いと思う。

そして出汁である。動物性の鰹出汁に対して、昆布は植物性の精進出汁の代表格である。水出しや煮出しの方法があり、どちらも沸騰直前に取り出すが、江戸時代の料理書では長時間加熱すると書かれている。『料理献立抄』では、水三升に昆布三枚を小さく切って入れて二升まで煮詰めて酒三合を加え、一煮立ちさせてから昆布を取り出すとある。

鎖国時代の日本にとって、昆布は重要な貿易品として中国へ輸出されていた。なかでも琉球を支配下に置いていた薩摩藩は、中国との密貿易や琉球を介した三角貿易を行っており、江戸時代後期には輸出量の七〇パーセントが昆布で占められていた。豚肉とともに、琉球料理に昆布が欠かせない理由にはこうした歴史的な背景がある。なお、蝦夷・松前から日本海、瀬戸内海を経て大坂、そして琉球に至る経路は**昆布ロード**と呼ばれている。江戸時代には、日本から昆布を輸入していた中国だが、北海道真昆布の原種（胞子）を使った養殖技術の導入によって、世界一の生産国になっている。

蝦夷地松前。昆布を採って干す。『日本山海名物図会』

鱚

きす

「八十九日　もう鱚を　釣りに出る」。立春から八十八日目がいわゆる八十八夜である。その夜が明けた朝から春鱚釣りの漁期が始まる。晩春から初夏を迎えた江戸前を詠(うた)った冒頭の句からは、いそいそと釣り場へ向かう釣り人の気持ちが感じられる。鱚は引きが強いといった釣趣(ちょうしゅ)の面白さから、現在でも人気の高い釣魚(ちょうぎょ)で、上品な味わいは格別である。天ぷら、刺身、塩焼き、煮付け、鍋物、酢の物、干物もうまく、特に江戸前の天ぷらには欠かせない。

ここでいう鱚はいわゆる**白鱚**(しろぎす)で、現在、鱚といえば白鱚を指す。鱚の季語は夏であるが、実は一年を通して味の変化が少なく、こうしたことも人気の秘密なのかも知れない。

なお、鱚は徳川将軍の食膳に欠かせない魚でもあった。ここで、江戸時代後期の十二代将軍・徳川家慶(いえよし)の朝食をのぞいてみたい。起床は明け六ツ（午前六〜七時）頃、口をすすぎ、顔を洗ってから朝食の膳に着く。一の膳には汁と向付(むこうづけ)（刺身や酢の物などの生物）に平(ひら)（煮物）、二の膳には吸い物と、肴を盛る皿が並ぶ。皿には鱚の焼物が二種置かれているが、それは塩焼きと漬け焼きで、両様(りょうよう)と呼ばれた。鱚の焼き物が供されるのは毎日のことで、これではさすがに飽きるのか、朔日(ついたち)、十五日、二十八日には尾頭(おかしら)つきといって鯛や鮃が並び、この日は三日と呼ばれた。ちなみに茶は飲まず、白湯が用意された。

鱚の味わいの軽さは病人にもよいとされている（『和漢三才図会』）。江戸の名町奉行・根岸鎮衛の『耳嚢』によれば「老中などが病気で危篤の時には鱚の**生干**が贈られた」とある。そのようなところから「拝領は重き枕にかるいうを」などの川柳も生まれた。

鱚には二種あり、先の白鱚に対して**青鱚**がある。前者が大きくなっても二五センチほどであるのに対して、アオギスは四〇センチを超える。味は白鱚、釣趣は青鱚ともいわれた。青鱚は梅雨の頃に産卵し、若魚の頃はきれいな干潟で生活し、川へ遡上もする。両魚とも非常に臆病で、危険を感じると砂の中に潜る習性がある。

鱚は釣り方も、その性質から慎重にならざるを得ず、海の浅瀬に脚立を立て、その上に乗って静かに竿から糸を垂らす釣り方が考案された。季節ともなれば、江戸湾の中川河口から江戸川河口辺りの浅場に、鱚釣りの脚立が立ち並んだという。もちろん鱚の船釣りも行われ、『江戸名所図会』には中川の河口辺りで鱚の船釣りを楽しむ人々が描かれている。また同書では鱚釣りには、**春鱚**（旧暦三月末〜）、**秋鱚**（旧暦八月末〜）の二種があり、海のものは白鱚、川のものは青鱚と記されている。しかし、昭和四十三年頃には、脚立釣りの姿は消え、青鱚も東京湾、伊勢湾、吉野川河口では絶滅し、大分県や鹿児島県でも絶滅に瀕しているという。そのせいであろうか生態も不明な点が多い。

最後に鱚料理を三つ。鱚のすり身に塩や卵白を加えて練り、底に穴を空けた筒に入れて熱湯の中に押し出せば素麺状に固まる。癖のない上品な味わいが出汁に良く合う**鱚素麺**の完成だ。また、三枚におろして塩に浸けて、陰干しにした**生乾きの鱚**をさっと炙ったものもうまい。やはり三枚におろした鱚に卵白を塗り、それを一つに合わせて焼けば**合鱚**（あわせぎす）である。

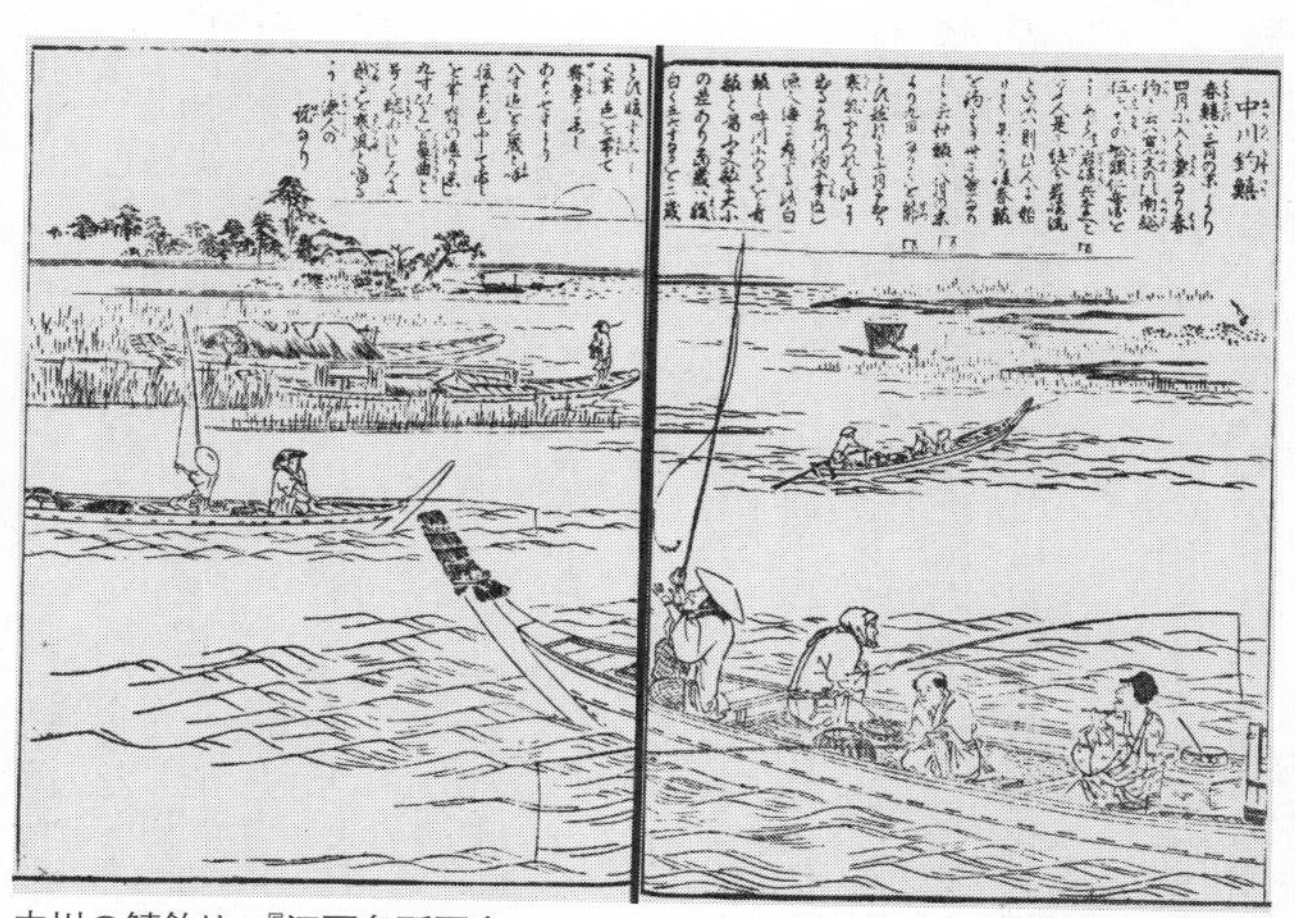

中川の鱚釣り。『江戸名所図会』

素麺

そうめん

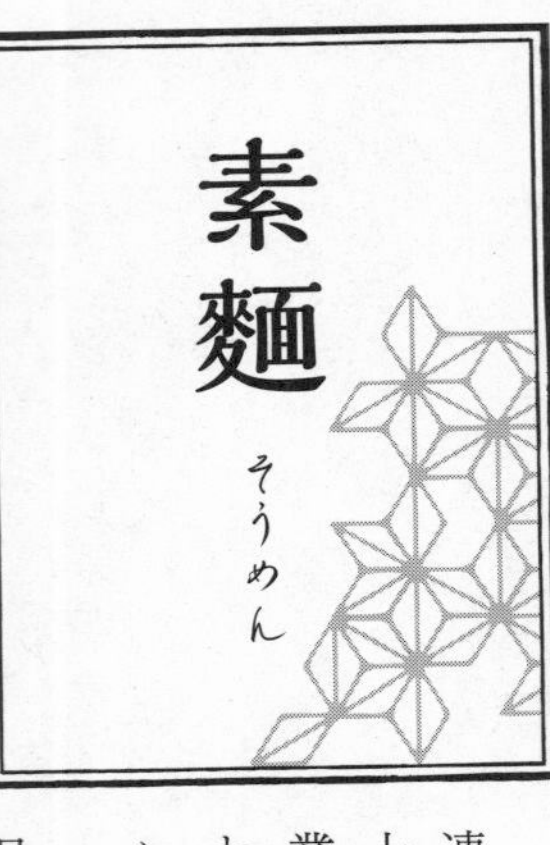

昭和五十七（一九八二）年、全国乾麺協同組合連合会は、七月七日を素麺の日に制定した。六月十六日の和菓子の日（全国和菓子協会）と同様に業界が勝手に決めたものだが、ともに歴史的な謂(い)われがあって決定された。まずは素麺の話をしたい。

平安時代の寛平(かんぴょう)二（八九〇）年、宇多(うだ)天皇は七月七日に**索麪**(さくめん)を宮中に奉(たてまつ)るように命じている（『宇多天皇宸記(うだてんのうしんき)』）。索麪は**索餅**(さくべい)とも書き、別名・**麦縄**(むぎなわ)ともいわれる。名前からもわかるように小麦粉を水で練って紐(ひも)状に伸ばしたもので、中国伝来の唐菓子とも、あるいは麺類ともいわれ、奈良・平安時代からよく食べられていた。この索餅が現在の素麺の原型ともいわれている。江戸時代の宮中や公家社会などで行われた、七夕に技芸の上達を願う乞巧奠(きっこうでん)という行事にも索麪が供えられており、禁裏御用菓子屋虎屋の古文書には、七夕に納めた索餅を図入りで記されている。また当時の京都や江戸では貴賤を問わず素麺で七夕を祝っていた（『日次紀事(ひなみきじ)』『東都歳時記』）。

室町時代、麺は蒸して食されていて**蒸麦**(むしむぎ)といわれた。また、その出来上がりの温度により熱麦、温麦(ぬるむぎ)、冷麦と分けて書かれた。麺は汁につけて食べるが、汁には辛子を用いた。相国寺鹿苑院蔭凉軒主の公用日記、『蔭凉軒日録』によれば、延徳二（一四九〇）年の九月、麵が振る舞われた時、麵汁に辛子が使われたが、入れすぎたのか非常に辛く、一同は涙を流しながら鼻を抱えて「満座呵々大笑（みんなで大笑い）」したとある。当時、麵汁に辛子を使うのは一般的だったようで、ポルトガル人宣教師のルイス・フロイスの記録には「我々は麵を砂糖、卵、あるいはシナモンなどで食べるが、日本人は辛子や唐辛子を使う」とあり、また「ポルトガル人は熱く、切られた素麵（スパゲッティ）を食べるが、日本人は冷水に漬け、たいそう長いままで食べる」とも記している。

現在の**冷麦**は、素麵とよく比較されるが、簡単にいえば冷麦は「うどんを非常に細くしたもの」だが、素麵は小麦粉と水、塩をこねた後、油を塗って細い棒にかけて、よりながら細くする。植物油を塗ることで麵が風で乾燥するのを防ぎ、時間をかけてゆっくりと麵を伸ばすことが出来るという。

七夕は江戸幕府が定めた五節句（供）の一つであるが、紀州和歌山藩の下級武士・酒井伴四郎は、万延元（一八六〇）年の七月七日の昼、節句を理由に鯖を肴に一人で祝酒を飲んでいる。その後、八ツ時（午後二時頃）に素麵を茹でて食べているが、これは藩邸出入りの商人たちから「七夕の祝い」に貰った物だ。商人たちは季節に応じてお得意先に贈り物をしていた。「そうめんを くばるを見れば 御用也」という川柳は、その情景を詠ったものである。旧暦七月の残暑の時に、冷たくのど越しの良い素麵の味わいはひとしおである。古来、七夕に素麺はなくてはならないものであった。

弘前藩（青森県）の江戸藩邸では、国許から素麺を送らせていた。藩邸の日記によれば、国許から送られてくる素麺が細くなっているので、紙紐のこよりくらいの太さにするよう指示を出している。のど越しや食感など、国許の味にこだわったのであろう。

冷たいものを想像しがちな素麺だが、味のある汁で素麺を煮て食べるのが**煮麺**（入麺）だ。素麺を温かくして食べることは、非常に古くから行われていた。汁は醤油味だけでなく、味噌に出汁を加えたものもあり、菜っ葉や葱、茄子を入れて、薬味には胡椒や山椒の粉を用いて味わう。

三輪素麺を伸ばす。『日本山海名物図会』

水

みず

「ひゃっこい、ひゃっこい」。夏、江戸の町を歩けば、このような掛け声とともに水を売る**冷や水売り**の姿がそこかしこに見られた。なぜ、冷や水売りが江戸の町にうまれたのか。その疑問に答えるには、まず徳川家康の街作りから語らなければならない。家康は江戸城北方の神田山を崩して、日比谷入江を埋め立てることから始めた。そして、徐々に江戸の土地を増やしていったのである。

埋め立て地では井戸を掘っても水質が悪い。家康は飲み水の確保を考え、家臣の大久保藤五郎に上水の見立てを命じた。それが後の神田上水に発展し、承応三（一六五四）年には玉川上水の完成をみている。とはいっても、まだまだ水の便の悪い土地は多く、水売りを必要とした。

水屋は、市中に給水した上水の河川に吐き出される余り水を汲んで船に積み、深川など水の便の悪い土地に運び、桶に移して天秤棒で担いで売った。一荷（水桶二つ）で銭四文（八〇円）～六文（一二〇円）であり、これを船水と呼んでいる。また江戸には水汲み人足もいた。井戸などから水を汲んで依頼人に届ける。水汲み人足は、藩邸の勤番武士達も利用していた。紀州和歌山藩士・酒井伴四郎は、万延元（一八六〇）年七月十六日から毎朝、藩邸内の長屋に水一荷を運んでもらっている。料金は伴四郎の小遣帳によれば、十一月十三日からの半月間で金一朱（六二五〇円）を支払っている。

先の冷や水売りは、涼しげな姿で街角に立ち、真鍮製や陶器製の器に水を入れて売っていた。彼らは上水ではなく、きれいな泉の水を汲んで、白玉団子や白砂糖を入れて一椀四文で売った（『守貞謾稿』）。これは現在の一〇〇円弱といったところであろう。砂糖を増やすことも可能で、その場合は八文、十文と値が上がる。

水と料理にかかわる逸話を一つ紹介したい。江戸の料理屋の雄である八百善の話である。通人たちが八百善を訪れ、茶漬けを注文したところ、半日ほども待たされた。出てきた茶漬けを食べてみれば確かにうまい。とはいえ、半日待たされ金一両二分（一五万円）の勘定はいかにも高い。通人たちが問い質したところ「米は越後米の一粒より……」と説明が始まり、最後には「水は早馬を仕立てて遠く玉川上水の取水口・羽村（羽村市）まで汲みに行った」と述べたとある（『寛天見聞記』）。実際に早馬で、八百善と多摩川上流にある羽村の往復が半日で可能かどうか、筆者には判断がつかない。

江戸の町には、水や茶以外の飲み物を売る商売人もいた。**枇杷葉湯**は夏の飲み物で、枇杷の葉の毛を取って乾燥させて、甘茶や肉桂を細かく切って混ぜ、煎じて飲む。消夏に向き、暑気あたりにも効果があった。京都の烏丸が本店で、江戸では販売店が広告を兼ねて、橋の上に天秤棒で担いだ箱を据えて売っている。

十四代将軍・徳川家茂は、家臣想いで知られていた。家茂は慶応元（一八六五）年、長州征討のため大坂城に入った。暑い夏のさなか乗馬を行った時には、馬場の役人や手綱持ちたちに**葛湯**を与えている。葛湯は湯で葛粉と砂糖を溶いて冷やした飲み物で、炎天下に馬場へ出ていた者たちには何よりの飲み物だった。また黄金水という飲み物を与えることもあった（『徳川実紀』）。黄金水とは『日本国語大辞典』によれば「黄金をきれいな水に浸し、強火にかけて金を溶かし出した液」とあり霊薬とされていた。一方、大坂城には黄金水ノ井（現・金明水）という井戸があったので、こちらで汲んだ水だったのかも知れない。なお江戸では、先の葛湯以外にも**麦湯**（麦茶）、水飴を湯で溶いて肉桂を少し加えた**飴湯**なども売られており、江戸の清涼飲料は多彩である。

江戸の水売り（右）と、枇杷葉湯売り。『四時交加』

枝豆
えだまめ

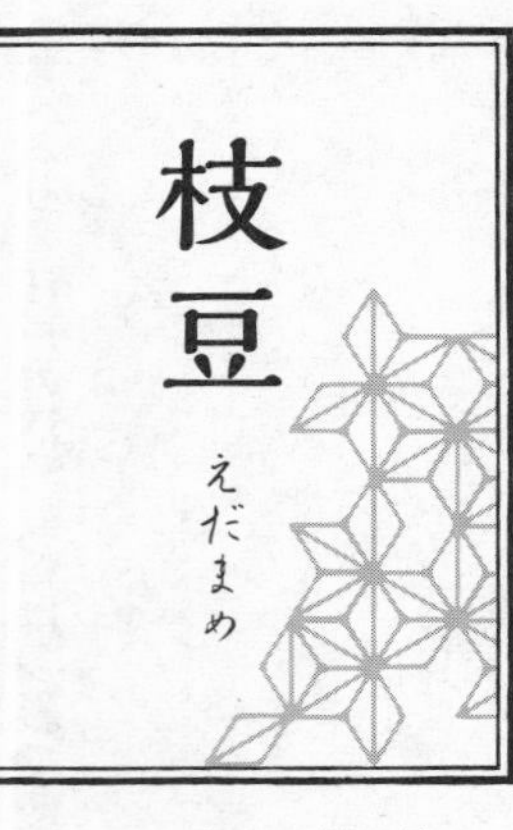

「枝豆と兎（うさぎ）は月を見てはねる」。月見、旧暦九月十三日の十三夜には枝豆がつきもので、茹でた枝豆を月に供えた。大坂では枝から取って塩で茹でた豆を供え、江戸では枝つきの豆を茹で、栗などとともに供える（『守貞謾稿』）。冒頭の川柳のように、兎が月を見て跳ねるとはよく言われることだが、サヤを押して飛び出す枝豆を兎になぞらえている。ほかに「枝豆で こちら向かせる はかりごと」という川柳は、気のある異性に向けて枝豆をはじけさせ、自分の方を向かせようという、今の世にもありそうなことを詠っている。

現在、枝豆といったら、何といっても茹でた枝豆とビールだが、江戸時代の枝豆事情はどのようなものだったのか。夏の夜、京や大坂では枝豆を「湯出サヤ、湯出サヤ」と声を掛けながら売り歩いていたが、これは京坂で枝豆を鞘豆（さやまめ）と呼ぶことに由来する。一方、江戸では十三夜の供え物同様、枝をつけたまま枝豆を茹でて売るので、掛け声も「枝豆ヤ、枝豆ヤ」となった。大田南畝の『奴師労之（やっこだこ）』によれば、この枝豆売りが江戸で始まったのは明和（めいわ）年間（一七六四〜七二）の頃で、売値は一把（いっぱ）で四文（八〇円）と非常に安価であった。

冒頭、十三夜には枝豆がつきものと述べたが、酒井伴四郎の日記によれば、万延元（一八六〇）年の江戸・赤坂の紀州藩邸では、八月十五日の中秋の名月、十五夜のときに、団子と里芋とともに枝豆を藩士同士たがいに贈りあったことが書かれている。十五夜の月見にも、枝豆は欠かせないものであった。

最近の若い人たちの中には、枝豆は枝豆という種類の豆だと思っている人が多い。枝豆は大豆がまだ未熟で、サヤが青いときに収穫したものだというと一様に驚く。

枝豆の薄皮を取ってすり潰し、砂糖などで味つけをして、餡にして餅にからめたのが**ずんだ餅**である。枝豆の風味と甘さが餅に絡んでおいしい。宮城県や山形県など、南東北の名物であるが、**じんだ餅**などの名前で東北各地や関東などでも作られている。また、茹でた枝豆をすりつぶし、葛で固めた枝豆豆腐というもどき料理もある。『四季漬物塩嘉言』（一八三六）という漬物の製法書には、枝豆の塩漬というものが記されている。これは枝豆の保存法を記したもので、さやの青い枝豆を選んでもぎ、中塩にして焼ミョウバンを入れて軽く押しをかけておく、使う時には一晩塩出しをして茹でればさやも青いままで、生の枝豆と同じようだという。

枝豆が熟したものが大豆だが、「大豆は畑の肉」と呼ばれるほど、たんぱく質や滋養に富み、近年では大豆イソフラボンの効能も再評価されている。大豆と日本人とのつき合いも長く、古事記にも登場しているほどである。この大豆、豆をそのまま調味して食べるだけでなく、さまざまに加工されている。大豆由来の食品を上げてみると**醬油**、**味噌**といった調味料は和食の基本であり、調理法のバリエーションも多い**豆腐**は我々にとって身近な食品である。また**納豆**も忘れてはならない存在で、納豆とみそ汁は伝統的な日本の朝食の基本であろう。その他、**湯葉**や**黄粉**(きなこ)ほか、大豆の利用範囲は広い（大豆の項参照）。

鯔

ぼら

「御祭礼魚もその頃出世する」。**鯔**（鰡）は成長するに従って呼び名が変わる出世魚である。地域によって呼び名が異なるが、江戸での呼び名は、春に海で生まれ、群れを成して海岸に押し寄せる三センチくらいの稚魚を**ハク**、夏になって三から一八センチになったものは**オボコ**、**スバシリ**（洲走）と呼ばれる。一説によれば、スバシリの名は浜に設けた簀（竹で編んだむしろ）の上へ、手に持った竹で追い込む漁をする時に、簀の上を飛び走る姿に由来する（『さへづり草』）とも、簀引と言って簀の四方に網を張って獲る漁法に由来するとも言う（『物類称呼』）。

さらに汽水域や河川に生息し、成長すると**イナ**になる。気っ風がよく、威勢のいい若者を鯔背というが、これは魚河岸の若者がイナの背に似た髷を結ったことによる。魚河岸で働く江戸っ子の姿が思い浮かぶ。そして三〇センチくらいに成長したものが**ボラ**である。秋になると海に戻り、海苔の養殖用に作られたヒビの間などで過ごすが、暮から正月にかけては深みに潜り、翌春の四月には再び浅瀬に戻ってくる。寿命は四年から五年、もっとも大きくなったものは**トド**と呼ばれる。もうこれから先はないということを意味する「とどのつまり」の語源になった。

江戸城中へ山車や祭りの講中が入り、将軍の上覧を受ける所から天下祭と呼ばれる日枝山王社（千代田区）の山王祭、神田明神（千代田区）の神田祭が行われる旧暦六月十五日頃には、オボコからスバシリへ名を変え、スバシリ漁が始まる。冒頭の川柳のように「祭礼の頃に出世する」わけである。

鯔の生態を見ると二つの大きな特徴がある。まずはよく水面からジャンプすること、ほぼ垂直に飛び上がって頭から着水する。この情景は特に夕方が盛んである。もう一つは海底の泥を食うことである。とはいっても泥をエサにするわけではなく、泥中（でいちゅう）の有機物質や小虫を栄養源としている。この泥を食べる習性によるものであろうか、現在の鯔を「泥臭い」「油臭い」と敬遠する釣り人も多い。この臭みは海のきれいさと比例していると思われる。現在と比べて格段にきれいな江戸湾の海、そこで獲れる鯔もおいしく、『和漢三才図会』では「肉甘く」と記されている。九月頃のスバシリは「泥味なく、脂多くしていよいよ味ひ美なり」と賞されている（『物類称呼』）。また冬の寒鯔も美味しい。

鯔は刺身やあらい、塩焼、煮つけ、焼き物ほか、色々に調理して食べられている。濃く溶いた味噌を使う煮物に**濃醤**（こくしょう）という料理法がある。鯔の濃醤の場合、大きな鯔を筒切りにして、赤味噌三分の二、白味噌三分の一で煮て、山椒を加えて食べる（『四季料理献立』）。また**鯔飯**は鯔を三枚におろして皮を引いて薄くそぐ。その刺身を茶碗に盛った飯の上に置いて汁をかけて食べる。汁は醤油を多め、酒を中くらい、梅干一個、鰹節も多めにして煮立て、水囊（水や出汁を濾す布製のふるい）で濾したものを使う。薬味は根深葱、陳皮、浅草海苔、唐辛子を添える（『素人庖丁二編』）。いずれも鯔のおいしさが伝わってくる。また**鯔のへそ**、**そろばん玉**といわれるのは、鯔の胃の幽門部の筋肉が発達したもので、塩焼やつけ焼にして食べた。珍味として名高い**からすみ**は、まず鯔の卵巣をよく洗い、上質の塩をまぶして樽に詰めて塩漬けにする。その後、塩抜きして一昼夜塩水に浸し、板の間にはさんで軽く押しをかけて水気を抜き、十日ほど天日乾にする。『毛吹草』では、土佐（高知県）の名産とされるが、ほかに肥前野母崎（長崎県）のからすみも名高い（『本草綱目啓蒙』（一八〇五））。

　酒井伴四郎は、万延元（一八六〇）年六月二十一日から八月四日までの間に、五回ほど鯔を購入している。贈り物を除き、四回は伴四郎自身が食べている。昼食のおかず用に三回、残り一回は八月四日に酒の肴に五尾も買っているので、宴会でもしたのであろう。また、七月十八日には鯔を潮汁にして、独り酒を楽しんでいる。鯔が江戸で身近な魚であった様子がうかがえる。

穴子

あなご

穴子といえば**天麩羅**に**鮨**、江戸前料理になくてはならない魚である。姿が似ている魚に鱧や鰻がいるが、穴子を「ハモ」と呼ぶ地方もある。海底の泥に作った巣穴から頭を出しているところから穴子の名がある。晩春から夏が旬と言われるが、一年中獲れて美味しい。

穴子は江戸だけのものではなく、全国的に獲れる魚である。例えば瀬戸内の穴子も古くから有名で、**ばら鮨**、**押し鮨**、**炊き込みご飯**などに調理される。今でも広島県厳島神社の対岸にある宮島には**穴子飯**の看板がひしめいている。

とは言っても江戸の穴子を第一とする文献も多い。中でも羽田沖の穴子が上物とされ、**江戸前穴子**と呼ばれた。品川宿の南、浜川町（品川区東大井・南大井の一部）に穴子を商う多くの店があった。歌川広重の『東海道五十三次』(行書)の「品川」では、海を前に茶店で休む旅人のかたわらに「阿奈古御茶漬 酒肴品々」という行灯がかかっている。

浜川は鮫洲とも称され、今も駅名や自動車免許の試験場に、その名が残されている。浜川には「元祖あなごのかばやき」を名乗る店もあった。鰻に姿形が近いことから穴子を蒲焼きにしたのである。蒲焼きは開いた魚を素焼きにして、**醤油**と味醂で作ったタレに浸して焼く調理法であるが、穴子は鰻に比べると淡泊なところに特徴がある。

なお、江戸時代の中頃まで穴子の料理法を具体的に記した料理書は現れない。ただし『和漢三才図会』に阿名呉（穴子）が記されている。同書によれば「異味なく脂気が少なく」、おいしくないとされている。この頃まではこの淡泊さが難点とされていたようだ。続いて「漁師たちは穴子を焼いて、鱧といって売っている」と記されている。穴子というより鱧と称した方が売れたのであろう。蒲焼きについては先に触れたが、興味深いお触れが残っている。宝永四（一七〇七）年八月、江戸の茶屋で鰻の蒲焼きを穴子と偽って売る者がおり、召し捕ったので、今後ともそのような者は召し捕るというお触れが出ている（『江戸町触集成』）。ここでは穴子の名のほうが鰻よりもお客の受けが良かったのであろうか、それとも双方の仕入れ値の違いなど別の理由があるのであろうか。

その後、穴子も徐々に人気が出てきたようで、十九世紀初めには調理法のレパートリーも増えている。天ぷら、蒲焼きの他にも、**白焼き**、**田楽**、**付焼き**、**鉄砲和え**、**ぬた鱠**、**茶碗蒸し**、**あんかけ**、**味噌かけ**、**味噌煮**、**吸物**など実に多彩である。なかでも江戸で誕生した握り鮨の**鮨種**としても人気が高い。現在は**煮穴子**に甘いタレをつけることが多いが、江戸時代には穴子自体を甘く煮て、鮨飯の上にのせている。『守貞謾稿』などにも、その姿が描かれている。ただし、江戸時代の鮨種の穴子は、現在の二〜三倍の大きさであった。安価で庶民的な食材と料理を紹介する『日用倹約料理仕方角力番付』（一八三九年頃）では、秋の料理として「ねぎにあなご」とある。葱と穴子を一緒に煮たのであろうか。

おなじみ紀州和歌山藩士・酒井伴四郎も穴子を食べている。万延元（一八六〇）年の七月十六日に浅草で遊んだときに穴子、芋、蛸の甘煮と飯、酒を三合も飲んでいる。代金はしめて二百七十一文（五四二〇円）もした。ほかに理解に苦しむものもある。八月二十四日に愛宕神社参詣の折、「色々買喰」して八文（一六〇円）で食べた「稲荷穴子すし」である。稲荷鮨と穴子鮨の二種であろうか、それとも穴子をまぜた鮨飯を油揚で包んだものだろうか。翌文久元年には一度自炊用に穴子を買っているが、八文ととても安価であった。穴子は勤番武士の心強い味方であった。

茶

ちゃ

「ちゃつぼに追われてとピンシャン」。子供の頃によく歌った童謡であるが、歌詞の意味もわからず歌っていた。この歌が**茶壺道中**を歌ったものと知ったのは遥か後年のことである。毎年、京都の宇治から江戸城へ、将軍用の茶葉が詰められた茶壺が運ばれる。その行列を茶壺道中と呼ぶが、大変な権威があり、庶民はかかわりを恐れて家に逃げ込み、戸をピンシャンと締めてしまうのである。

運ばれる茶葉は**抹茶**用で、五月に宇治を出発して中山道を通り、甲州・谷村（山梨県都留市）で夏を越してから江戸へ運ばれた。しかし、元文二（一七三七）年以降は、江戸城の富士見櫓で保存して夏を越えるようになり、経路も東海道を通るようになった。この一行は人足を含めると五五〇名前後となり、時に庶民に横暴を働くこともあり、これが先の戸ピンシャンの理由でもあった。宇治は今に続く茶所で、江戸時代には、将軍だけでなく全国の大名も宇治の茶を求め、各大名家お抱えの茶師がいた。

宇治の茶についてはしばらく置いて、少し茶の歴史について触れたい。一般には鎌倉時代、日本臨済宗を開いた栄西が茶種をもたらし、茶樹の栽培と喫茶の習慣をもたらしたとされている。しかし、平安時代から鎌倉時代にかけて、天皇をはじめ支配階級はすでに茶を飲んでいた。たとえば在唐三十年にして空海と入れ替わりに帰国した永忠は、弘仁六（八一五）年、嵯峨天皇に自ら煎じた茶を献じている（『日本後紀』）。嵯峨天皇は同年、畿内や近江、丹波などに茶樹を殖すことを命じており、以前からある程度は茶の栽培が行われていたことがうかがえる。ちなみに永忠が献じた茶とは、茶の芽を蒸したものを突き固め丸めて干した団茶で、火で炙って砕き、粉末にして飲んだ。その後、鎌倉時代にかけて茶は衰退していった。

鎌倉時代初期、宋に二度も渡った栄西は帰国に際して新たに茶種をもたらし、脊振山（佐賀県）などに茶園を開いた。栄西の重要な功績は『喫茶養生記』を著し「茶の効能を説いたこと」と、「抹茶による喫茶法を広めたこと」であろう。その後、禅宗寺院を中心に喫茶が流行し、安土桃山時代には千利休に代表される茶の湯（侘茶）が大成して大いにもてはやされた。

この頃の京都には茶釜などを担ぎ歩き、路上で茶を点てて売る一服一銭という商売もあり、洛中洛外図などに多く描かれている。一方、宇治は古くから茶の銘園五場に数えられていたが、茶樹の上に覆いをして栽培する覆下栽培法の独占を江戸幕府から許可され、良質な抹茶は宇治のものとなった。さらに永谷宗円によって茶葉を蒸して、焙炉の上で手もみする製法が考案された。また後に玉露の製法も考案され、宇治茶の名声は確立した。

茶は菓子とともに飲むことが多いが、菓子に抹茶をまぶしたり混ぜたりして香りを楽しむこともある。また、そもそも江戸時代の食事に茶はなくてはならないものであった。江戸は「朝に飯を炊いて昼は冷や飯、夜は**茶漬け**」だが、上方は「昼に飯を炊いて夜は冷や飯や茶漬け、朝は**茶粥**（ちゃがゆ）」であった。茶の煎じ汁で炊いた茶粥は、現在でも奈良、三重、和歌山の一部で朝食として食べられている。

現在、**茶飯**（ちゃめし）というと醤油味を思い浮かべるが、江戸時代は茶の煎じ汁で飯を炊いた。中でも**奈良茶飯**は茶の煎じ汁に加えて、黒豆や炒（いり）大豆あるいは小豆や栗を入れ、食べるときにも茶を掛ける。明暦の大火（一六五七年）の後、江戸復興のために集まった大工や左官などを目当てに、奈良茶飯に豆腐汁、煮染め、煮豆などをつけた一膳飯が浅草寺（せんそうじ）門前の茶店で売り出されて大流行した。人によっては、これを江戸における外食産業の始めと言う。

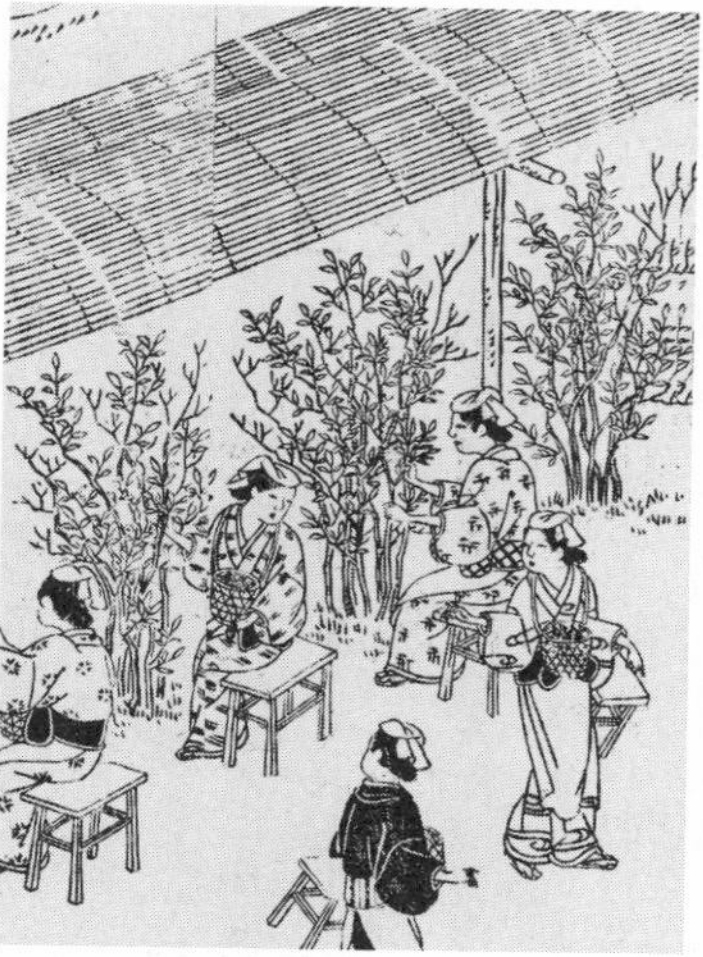

宇治。覆いの下で茶葉を摘む。『日本山海名物図会』

麦

むぎ

麦といえば、まずは**大麦**と**小麦**であろう。大麦は縄文時代後期、小麦は弥生時代の遺跡から種子が出土しており、ともに古くから食べられていた。ただし、小麦はちょっと厄介な穀物で、外皮が堅く吸水しづらい。その上、中がさくっとしているので、米のように粒で食べるのに適さず、粉食に適している。石臼がない時代、臼と杵で製粉するしかないので効率が悪かった。奈良時代、飢饉に備えて大麦のほか、小麦の耕作が奨励されたが、農民は青麦の段階で刈り取って馬の飼料として売ってしまっていたという。当時は人の食べ物として魅力が少なかったのであろう。

文化人類学者・石毛直道氏によれば、石臼は抹茶用の茶臼として、鎌倉時代中頃から徐々に広まり、製粉用に農家の必需品となるのは、江戸時代中期以降のことと言う。とはいえ、小麦は**醤油**や**味噌**といった日本人に欠かせない調味料の原材料となる、重要な穀物であった。また小麦を原材料とする食べ物といえば、**うどん**や**素麺**、**ほうとう**や**きし麺**などの麺類も思い浮かぶ。

江戸時代、麺類などの粉食が大名から庶民にいたるまで広まった背景には石臼の普及、さらに水車による製粉が発達したことも大きい。江戸の西に広がる武蔵野は小麦の一大生産地となり、武蔵野の村々を流れる玉川上水やその分水の流域に水車が設けられ、製粉が行われた（伊藤好一『武蔵野と水車屋　江戸近郊製粉事情』）。現在でも、この地域ではハレの食としてうどんが食べられている。また、現在の新宿辺りでも水車による製粉が盛んに行われ、江戸の人々の食欲を満たしていた。葛飾北斎の描く「隠田（おんでん）の水車」は、新宿に近い、現在の原宿（渋谷区）を流れる渋谷川に設けられた水車を描いているが、カマスを担いだ男たちが運んでいるのは小麦であろう。

うどん汁は、関西の淡い汁と関東の濃い汁で比較される。これは鰹節と濃口醤油の関東、昆布と鰹節に薄口醤油の関西という、嗜好や食文化の違いからくるものである。ちなみに、この汁の太平洋側の東西の分岐点は、関ヶ原にあるといわれているが、丸餅と切り餅の境界も関ヶ原であった。

小麦に対して大麦はどのように食べられたのであろうか。粉は**はったい**、煮だせば**麦茶**、粒食（りゅうしょく）では**麦飯**（ひ）である。麦飯は大麦を一度茹でてから、つなぎに米を入れて炊くので、二度手間だ。碾き割った大麦と米を使えば楽ではあるが、碾き割り麦には石臼を必要としたので、麦飯が広く定着するのは江戸時代のことであった。

摺（す）った山芋を味噌汁などで延ばして麦飯にかけて食べるとろろ汁もうまい。東海道・鞠子宿（まりこしゅく）（静岡市）の名物として知られるが江戸でもよく食べられており、とろろに炙り海苔や陳皮（ちんぴ）、胡椒などを加えた。『守貞謾稿』によれば、田舎の麦飯は倹約のためだが、江戸の麦飯は「驕（おごり）」であり、意味合いが違ったとある。

東京で幼・少年期を過ごした筆者だが、子供の頃、遠出をした父親がよく山芋を掘ってきた。子供ながら山芋を擂って擂鉢（すりばち）に入れ、擂粉木（すりこぎ）を使って味噌汁で延ばすことを手伝った。お手伝いの後のとろろ飯は格別な味がした。

粉屋。小麦粉や蕎麦粉を臼で挽く。『人倫訓蒙図彙』

鯖

さば

「鯖の生き腐れ」。古くから腐りやすい**鯖**を、このように言った。もちろん生きたまま腐るなどということはなく、他の魚と比べ、死ぬと腐るのがすこぶる早いことを示している。原因は鯖が生来（せいらい）持っている強い酵素（こうそ）によって、短時間で自己分解が始まることにある。

鯖は奈良時代の『出雲国風土記（いずものくにふどき）』に登場するほど、昔から食べられていた。しかし腐りやすいということは生食には向かない。そこで、保存法や鯖に適した料理法が発達した。まずは**塩鯖**である。鯖を開かず内臓だけ取って塩漬けにしたり、背開きにして塩をする。また開いた鯖を塩水に浸して日干しにすると**干物**となる。

塩鯖は水で塩抜きして焼くか煮るなどして食べるが、飯の上にのせて圧（お）しをかければ**鯖鮨**となる。鯖鮨は全国的に見られるが、なんといっても京都の鯖鮨が名高い。日本海、特に**北鯖**といわれる若狭や丹後のものがよい。若狭の小浜から、周山街道（しゅうざんかいどう）などを経て京都に至る道は**鯖街道**と呼ばれ、多くの鯖が運ばれた。鯖街道には、いくつかのルートがあった。そして日本海から京都に着く頃には、ちょうどよい塩加減になっており、飯と合わせればおいしい鯖鮨となる。京都の人々は日常はもちろん、ハレの食として祭には鯖の鮨を味わった。もちろん塩抜きした鯖は刺身としても食べられた。

もうひとつ鯖の鮨を紹介しよう。塩鯖を水洗いして骨を取り、頭から尾の部分にまで飯を詰める。鮨桶に竹皮を敷いて飯を置く、その上に先の鯖を並べ、その上にまた飯を置いて竹皮を上に敷く。これをくり返して重石(おもし)をかけ、数日して発酵した飯の酸味が鯖に移れば出来上がりである。上と下の飯を取り除き、鯖に詰めた飯はそのままに切って食べる。また、飯の酸味の代わりに酢を使えば**早鮨**となり、朝に作って夕方に食べるのがよいという（『名飯部類(めいはんぶるい)』）。

『日用倹約料理仕方角力番付』という庶民の日常食を記した番付には、味噌漬、潮汁、一塩ものなどの鯖料理が登場している。鯖を鱠(なます)で食べる場合は、現在のサラダ菜に相当する萵苣(ちさ)（四二頁参照）を細かく切って交える（『料理綱目調味抄(りょうりこうもくちょうみしょう)』）。また鯖の切漬という食べ方もある。旧暦三、四月頃に新鮮な生鯖を片身におろし、骨をつけたまま皮とともに薄く木口切りにして、塩を強めにして四、五日過ぎた所で麴を挟んで醤油で味をつける（『四季料理献立』）。まさしく切漬である。

鯖には真鯖（ひら鯖）とごま鯖（まる鯖）がある。よく似ているが、ごま鯖には多くの小斑点がある。真鯖は夏に味が落ち、秋からうまくなるが、ごま鯖は夏の頃もうまい。どちらかといえば真鯖のほうが珍重されるが、季節で食べ分けている。また鯖出汁に使われる**鯖節**(さばぶし)もごま鯖が多い。

鯖は火につくという習性がある。そこで海上に霞(かすみ)が浮かぶ日に、沢山の船を出す漁を行うが、このような日を鯖日和と呼んでいる。船に天を焦がすほどにかがり火を焚けば鯖が集まってくる。これに鰯(いわし)や鰕(えび)を餌にして鯖を釣るのである。ただ但馬国(たじまのくに)（兵庫県）では釣り針などは用いず、松明(たいまつ)を振りかざせば、鯖が自ら船に飛び込んで来るという（『日本山海名産図会』）。鯖漁で焚く火を鯖火というが、夏の季語になっている。とはいえ、鯖が火に誘われて船に飛び込むというのは大げさな気がする。

江戸時代の七月六日、諸大名は将軍へ、七夕(たなばた)の祝いに**鯖代**として金を贈る。これは、かつて諸大名が将軍へ鯖を贈った名残(なごり)で、鯖のかわりに金を献上するようになった。民間では七月十五日にお盆（中元(ちゅうげん)とも）の祝儀(しゅうぎ)として**刺し鯖**を贈った。刺し鯖とは背開きにした塩漬けの鯖を二尾連ねて刺したもので、塩抜きして刺身にした。流通の発達した現代では鯖の刺身を食べることが出来る。一方、瀬付きで潮の強い所にいる鯖は腐りづらく、昔から生食されていた。その代表が大分県佐賀関(さがのせき)の**関鯖**である。

鯖釣舟。松明で鯖をおびき寄せる。『日本山海名産図会』

瓜（うり）

ウリ科の食べ物は多い。ざっと思いつくだけでも**胡瓜**（きゅうり）、**苦瓜**（にがうり）（ゴーヤ）、**白瓜**（しろうり）、**冬瓜**（とうがん）、**西瓜**（すいか）に**甜瓜**（まくわうり）などなどである。このうち歴史的にはもっとも古く広く作られたのは甜瓜で、胡瓜は江戸時代には瓜の仲間では「最下品」（『大和本草』）という評価であった。

胡瓜のことはしばらく置くとしてまずは甜瓜のこと。奈良平安時代に単に瓜と言えば甜瓜を指し、ホゾチなどとも呼ばれていた。江戸時代後期にいたるまで重要な作物であり続けた甜瓜の最大の特徴は、その甘さと美味しさにあり、果物のように食べられ、暑い時期に欠かせないものであった。特に井戸水などで良く冷やして食べれば、美味しさに暑さを忘れる。

美濃国真桑（みののくにまくわ）村（岐阜県本巣（もとす）市）が古くから産地として知られていて、**真桑瓜**と表記されることも多い。江戸幕府は、この真桑村の農民を呼び寄せ、武蔵国多摩郡是政（これまさ）村（府中市）に将軍家用の甜瓜を栽培させた。これを御前栽瓜（ごぜんさいうり）とも言い、江戸時代初期の元和（げんな）三（一六一七）年には早くも幕府へ献上されていた。文化文政期（一八〇四〜三〇）には年間七〇〇〇個が上納された。幕府の御用瓜は成子（なるこ）村（新宿区）でも作られていて、将軍家の瓜好きが知られる。

一〇〇万を超える人口を擁する巨大都市江戸では、多くの人々が甜瓜を求め、先の是政や成子のほかに川越（埼玉県）や江戸近郊でも甜瓜が作られた。一九五〇年代生まれの筆者は、子供の頃によく夏に甜瓜を食べたが、近年では西瓜に取って代わられ、甜瓜を見ることが減った。

その西瓜は、甜瓜ほど古くから作られた作物ではない。一説に寛永年間（一六二四〜四四）に日本にもたらされたという（『農業全書』『本朝世事談綺』）。その初期は身の赤さが血肉を思わせ、また青臭いとして敬遠されたが、徐々に庶民から武士へと広まっていった。天保（一八三〇〜四四）頃には「日本総国中に西瓜を作らざる処は稀なり」という状況にまで西瓜作りが盛んになっている。江戸の街中では、切り割った西瓜を屋台に並べ赤い看板を出す、西瓜の裁ち売りが夏の風物詩であったことが当時の絵などから分かる。また、美しい器に小さく切り分けた西瓜を盛った情景を描いた錦絵も涼しげである。

江戸時代、ほかによく作られていた瓜に白瓜（越瓜）がある。この瓜は甘くもなく身は固く、このままでは美味しくもない。しかし酒粕で漬けると**奈良漬け**となって美味しく食べられる。奈良漬けは白瓜が基本ではあるが、先の西瓜の皮や様々なものが漬けられるようになってバリエーションが増えている。また、枝豆をすりつぶして辛子、花鰹と味噌を入れて酢で延ばし、細く切って塩で揉んだ白瓜を盛ればもみ瓜という一品となる（『料理秘伝記』第四）。

さて〝最下品〟の胡瓜である。『大和本草』ほかの諸書でも胡瓜の評価は低く、重要視されていないが、瓜の中では一番早く収穫できる利点があった。さっぱりとした味わいで、刻んだ胡瓜を塩でもみ、花鰹を入れて酢味噌で和えるなどして食べた。砂村（江東区）が名産地で、ここの品種が明治になって全国に広がった。

高輪の海辺。西瓜売り。『江戸名所図会』

鮎

あゆ

食べた瞬間、口の中に広がる芳香、**鮎**が香魚（こうぎょ）と呼ばれるゆえんである。稚魚の時、冬を海で過ごした鮎は春に川を遡上する。夏になると定住し、川底の石についた藻類を食べて過ごす。鮎の香りは、この藻の香りが内臓や皮に蓄積されることによる。香りは天然鮎が勝り、調理法では**塩焼き**が一番という人も多い。鮎を竹串に刺して尾びれ背びれに塩を塗り、全体に塩を振って直火で焼いた後、辛みのある**タデ酢**で食べる。肉の甘みと内臓の苦み、ほどよい藻の香りがうれしい。内臓の苦みが苦手でも、天然物を焼く場合は、内臓を取らずに焼き、食べる前に内臓を除くと良い。内臓のほのかな香りを楽しめる。

タデ酢の作り方は、青タデの葉をすり鉢に入れて塩を加えて擂（す）る。さらに飯粒を少し加えて裏ごしにして、酢でのばして作る。鮎の塩焼きには欠かせない存在だが、**背越**（せごし）などの生食にも用いられる。背越とは新鮮な鮎の頭を落として内臓を取り、薄くぶつ切りにしたもので、タデ酢以外に酢味噌などでも食べる。

鮎は『古事記』などにも登場する。平安時代には土佐（高知県）の仁淀川（によどがわ）をはじめ各地から朝廷に鮎が納められた。もちろん、これは塩蔵などの保存処理がされたものである。

現在、鮎の獲り方には、川に簗を仕掛ける大がかりなものから、釣り糸に複数の針をつけ川底を這わせて鮎を引っかけるコロガシなど様々である。夏の風物詩である長良川の鵜飼は、川鵜に鮎を獲らせ、その上前を人間が頂く漁法だ。釣り人に人気なのは友釣りであろう。夏の鮎は一平方メートルほどの縄張りを持ち、縄張りに入ってきた他の鮎を追い払う。この習性を利用し、釣り糸におとりの鮎をつけ、近づいてきた鮎を針にかける。この漁法は天保（一八三〇年～）頃に確認出来るというが、『本朝食鑑』には、長い馬の尾で鮎を結ぶと言う珍しい漁法が記されており、元禄年間には同じような漁法が行われていたのであろう。

水分が完全に無くなるまで火で炙った**焼鮎**や**乾鮎**は保存食として重宝されたが、湯がいた鮎を天日干しにして串に刺し、炭で焼いて軒下に吊して保存する方法もあった。乾燥した鮎は出汁にも利用され、お盆の素麵汁や正月の雑煮に使われた。この方法は西日本に多く、東日本にはあまり見られない。保存といえば**鮎鮨**もある。飯と鮎を漬け込んで、鮎を食べるものである。先の『本朝食鑑』によれば、近江（滋賀県）の鮒鮨と並んで美濃（岐阜県）の鮎鮨を日本一と賞している。

酒の肴にもってこいの珍味に塩辛がある。材料は鰹ほか、ほとんどが海水魚の中、鮎を使う**ウルカ**は淡水魚を用いためずらしい塩辛だ。秋、産卵場所を求めて、中流～下流域まで川を下る鮎を落ち鮎というが、ウルカはこの落ち鮎で作る。産卵期の内臓には砂や石が含まれているが、この内臓の内容物を取らずに作る**泥（土）ウルカ**、内容物を取り除いて作られる**苦ウルカ**（渋ウルカ）、卵巣を使った**子ウルカ**、雄の精巣を使った**白ウルカ**と分けられるが、苦ウルカが最も香味豊かで、風味を楽しめる。

江戸で鮎といえば多摩川である。多摩川の鮎は、毎年、将軍家へ御用鮎として献上されていた。そして多摩川といえば江戸市中の人々の飲料水をまかなっていた玉川上水だが、時折、川から上水に紛れ込んだ鮎もいて「有難さ 稀に井戸より鮎を汲み」という古川柳が残っている。この句には少し説明が必要で、玉川上水は四谷（新宿区）から地下へもぐり、網の目のように張りめぐらされた木製の水道管で給水される。時代劇で見る長屋の井戸の底には、上水の水が流れているのである。この鮎は江戸っ子の腹におさまったのであろう。

多摩川の鮎獲り。『江戸名所図会』

カボチャ

天文一〇（一五四一）年、ポルトガル船によってカボチャが豊後国（ぶんごのくに）（大分県）にもたらされたといわれ（佐藤信淵『草木六部耕種法（そうもくろくぶこうしゅほう）』）、この種類がカンボジア産だったのでカボチャと呼ばれるようになったという。

カボチャは名前や形がいろいろあってまぎらわしい。江戸時代のカボチャは、ひょうたん型の**唐なす**、ヘタのところが隆起しコブがある**菊座**の二種、しかし両者の混同も多く、大蔵永常（おおくらながつね）の農書『日用助食竈賑（にちようじょしょくかまどのにぎわい）』にある唐なすの説明には「上方でかぼちゃ、またはなんきん（南瓜）と言い、西国ではぼうぶらと呼ばれる」とある。唐なす・なんきんはまさしく唐（中国）渡来ということだが、ぼうぶらはポルトガル語でカボチャを意味するabóbora（アボボラ）が訛（なま）ったもので菊座のことを指している。当時、ポルトガル領であったルソン島から、長崎に種がもたらされた菊座だが、甘くホクホクした現在の**西洋カボチャ**と形がよく似ている。しかし両者は別ものであり、西洋カボチャが日本に伝えられたのは幕末になってからだ。とにかくカボチャの名前と形はややこしい。

日本に渡来したカボチャではあるが、なかなか普及しなかった。新井白石の『采覧異（さいらんい）

言』によれば、享保年間（一七一六～三六）までは庭園で観賞用に栽培される程度であったものが、元文年間（一七三六～四一）の始め頃から飯のおかずとして食べられるようになったという。江戸時代、女性が好むものとして「芝居蒟蒻芋南瓜」という言葉が紹介され、カボチャが女性に好まれたとされている。これは元禄時代の作家井原西鶴（一六四二～九三）の浮世草子にある言葉と言われているが、確認できなかったので出典不詳ということであろうか。これがたしかなら元文年間より早くカボチャが食べられていたことになるのであるが、史料探しはなかなか難しい。

カボチャの特徴の一つに保存性の良さがある。夏秋野菜のカボチャを冬至に食べて中風を防ぐという風習があるが、これは保存が利き、なおかつ美味しく食べられるというカボチャの特性によるものだろう。この保存性から、カボチャは飢饉などに備える救荒作物としても注目されるようになった。ひょうたん型の唐なすは京都の鹿ケ谷の**西京カボチャ**、菊座形では新宿の**内藤カボチャ**、品川・大崎の**居木橋カボチャ**などが名高い。居木橋は品川宿に隣接しており、同宿内にあった東海寺の開山・沢庵宗彭によってもたらされたという伝説も残っている。

カボチャは煮物をはじめ調理法も多い。放蕩息子がカボチャの担い商いをして改心するという落語「唐茄子屋政談」（大坂では「なんきん政談」）に登場するのが唐なすの**安倍川**。切ったカボチャを甘く煮て、黄粉をかけて食べる料理だが、駿河（静岡県）の**安**

倍川餅に想を得たネーミングだ。このほかカボチャは菓子の材料にもなっている。『御前菓子秘伝抄』（一七一八）に記された**けさいな餅**は、ポルトガル伝来の南蛮菓子の**けさちいな**のことで、ぼうぶらの皮を剥いて種を取り、砂糖水で煮て柔らかくする。擂鉢ですってから水気を絞って裏ごしにかけ、砂糖水を入れて火にかけて練って餡を作る。さらに、ぼうぶらの茹汁でこねた小麦粉の生地で先の餡を包んで、金属製の蓋をした鍋に入れ、上と下に炭を置いて焼く。この鍋をカステラ鍋といい、当時の日本にはなかったオーブンの代わりである。

そのほか**唐茄子飯**や**唐茄子粥**という料理もあるが、これはいわゆる糧飯で、他の食材を使って米の量を減らそうという工夫である。

カボチャのいろいろ。『成形図説』

秋

松茸

まつたけ

松茸は代表的な秋の味覚である。古くは松茸狩りを楽しむ公家も多く、その様子を日記に残している。平安末期から鎌倉前期の公卿で後に左大臣を務めた三条実房は、治承元（一一七七）年九月二十六日に京都洛西粟生の光明寺の山上に、竹を柱に杉の葉で屋根を葺いた仮小屋で、採れたての松茸を肴に、時の左大臣藤原経宗等数名の公家らと「盃酌」つまり宴会をしている（『愚昧記』）。

江戸時代中期の本草学者・貝原益軒は『大和本草』にて「木茸中第一」と松茸を賞賛している。料理法も焼く、煎る、蒸す、煮る、漬けるなど多彩だ。ただ「香り松茸、味しめじ（占地）」という言葉が表している通り、松茸の魅力は香り。そのため、香りを楽しませる料理が多いのが特徴である。

代表的な松茸料理といえば**松茸飯**だが、江戸時代の松茸飯は少し変わっている。まず、すまし汁で味をつけた松茸の笠を細切りにし、茎は極細く裂いて飯に混ぜる。薄く輪切りにした柚を一切れ入れた椀に盛り、そこへ味つけに使ったすまし汁をかけて食べる（『名飯部類』）。松茸の香りを存分に楽しめる一品だ。一風、変わった料理法が**松茸鮨**。茹でた松茸を桶に並べて上に硬めに炊いて塩を加えた飯をのせ、その上にまた松茸を並べて一日おいて食べる。松茸を短冊に薄く切り、鍋で煎って生姜醤油で味をつける**煎松茸**も、シンプルながら松茸の真価を味わえる。

ただ当時、松茸の産地は西日本に偏っており、関東、特に江戸周辺では松茸の味が劣っていた。松茸は花崗岩など崩れやすい土砂に生えた赤松の根に菌糸がとりつき、近くの腐植土に広がる。関東ローム層は赤松の生育に適していない。甲州産や水戸産が流通してはいたものの、江戸に届くのは運搬に時間がかかったため、肉の乾いた松茸や塩漬けの松茸ばかりだった。尊ばれたのは京都産。風味、香りともに優れ、そのほかの松茸は**田舎松茸**と呼ばれた。一六〇〇年代中頃には、京都でも龍安寺や高雄辺りが産地として知られたが、江戸時代中期には嵯峨や東山、伏見をはじめ、徐々に産地が広がっていった。その頃になると庶民も松茸狩りを楽しむようになっている。

しかしなぜ、京都が松茸の産地として発展していったのであろう。江戸時代、京都は大坂や江戸に並ぶ大都市だったが、住民たちの生活燃料は、近郊の山から伐採された樹木でまかなわれていた。人口が増え、伐採がさらに進むことで多くのハゲ山が生まれる。そこで燃料の確保を目的とした赤松の植林が進められた。ただこれだけでは松茸の育成には不十分。赤松林は手入れを怠ると植生が変わる特性があるからだ。ここでさらに住民たちの手が入る。林に生える下草や灌木が周辺の田の肥料として刈られ、松葉は燃料として集められた。結果、落ち葉や枯れ草のない風通しのよい状態となった。

これこそが松茸の自生に適した状況である。一七〇〇年代には、京都郊外の東山や北山、西山の大部分が赤松林となり、伏見稲荷周辺も名高い松茸の産地となった。伏見あたりの山は幕府領であり、多い年に二万六一三本もの松茸が京都所司代や京都町奉行に納められ、さらに宮中へと献上された。また宇治田原郷（宇治田原町）からは、年に五〇〇〇本の松茸が禁裏へ納められた。これほど採れた京都の松茸も、近年は生産量が減っている。山の植生が再び変わってしまったからだ。

江戸時代、各地の大名は領地で採れた松茸を将軍に献上している。美濃大垣（岐阜県）近江膳所（滋賀県）、丹波亀山（京都府）、伊勢亀山（三重県）ほか西国大名が多いが、信濃高遠（長野県）、常陸笠間（茨城県）、上総飯野（千葉県）など東国大名も含まれている。ただ二、三を除いて「塩松茸」や「漬松茸」など加工品がほとんどである。

江戸において、松茸は上等な料理に使われ、値も張った。しかし本場の京都では最盛期ともなれば値段も安くなり「わざわざ料理屋で出すほどのものではなかった」と、幕末に二条城在番を務めた旗本が記している（原田光風『及瓜漫筆』）。それに類した話を紹介したい。私は仕事で京都に行くことが多く、季節には松茸ご飯や焼松茸を楽しんだが、よく行くお店のご主人に一度勧められたのはすき焼きであった。大変美味しく食べられはしたが、関東人の私にはもったいなく後ろめたい気持ちであった。また、高齢の京都出身の方に昔はよく松茸のバター炒めを食べたとお聞きしたこともある。

夜に行われる大坂・天満の松茸市は、松明の明かりで商う。『日本山海名物図会』

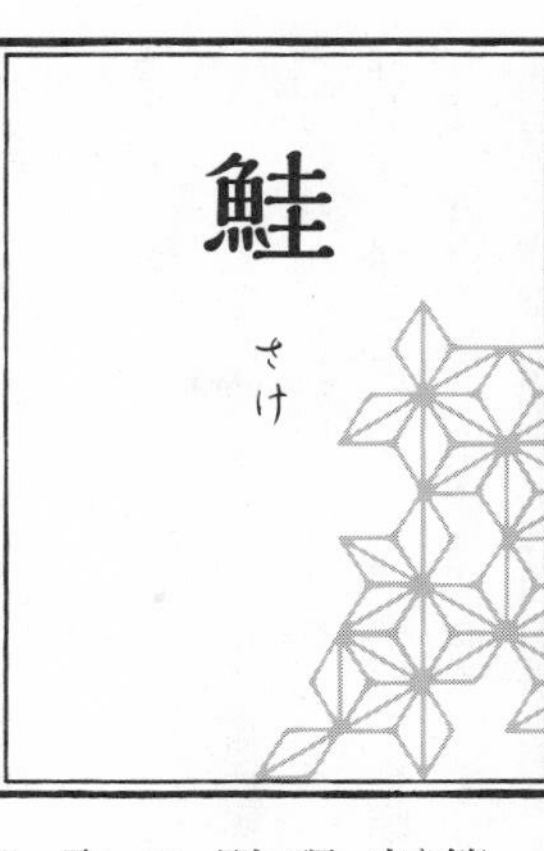

鮭

さけ

鮭を肴に年を取る——元旦は日本に住む人々が等しく年齢を重ねる日だ。それは生まれてすぐに当歳（一歳）、正月を迎えて二歳となる数え歳に理由がある。江戸時代、大晦日には、各家庭で特別な料理を用意して、家族の年取りを祝った。その祝い膳に載せる魚を**年取り魚**といった。この年取り魚、東は**鮭**、西は鰤と東西で大きな違いが見られる。両者の境界線は糸魚川静岡構造線（フォッサマグナ西辺）である。日本の文化事象を東西で考える時、この構造線がよく登場するのも興味深い。

さて、鮭も鰤もどちらも海魚だ。これらがめでたい年取り魚として食べられる背景には、「海水には邪気を払う力がある」と信じられていたからとも言う。信州松本などの内陸や山間でも日本海の塩漬けの鰤を用いるが、人力によって峠を越えるため、値段は浜値の四倍もした。ここまで高価だと庶民には高嶺の花、庶民は仕方なしに同じ海魚でも塩漬けの鰯で正月を迎えた。

話を鮭に戻そう。なぜ鮭が東日本で年取り魚として重宝されたか、理由は産地の偏りにある。鮭は川で産卵して、孵化した後に海へ下り、数年間回遊して再び生まれた川

（母川）に戻ってくる。その母川が東日本に集中しているのである。江戸時代の『本朝食鑑』（一六九七）によれば、越後や越中、出羽、常陸の水戸、秋田などで鮭の遡上が多く、下総の銚子（利根川）、下野（中川）などでも見られ、夏の末から秋にかけて獲れる鮭を**初鮭**といい、初夏の初鰹にも比せられた。

　獲れた鮭の多くは、**塩引**に加工された。『本朝食鑑』によれば、鮭の内臓を取り、塩水に漬けて陰干しにする。これを繰り返した後、藁で包んで一ヶ月ほど干すもので保存性に富んでいた。料理法には麹漬けや汁物などもあったが、多かったのはやはり焼物だ。変わった焼き方では、平たい素焼きの土鍋の焙烙に塩を盛って上に鮭を置き、焙烙の蓋をして上下から焼く方法もあった。また、ぜいたくな煮物の例として**仙台煮**が挙げられる。新鮮な鮭の切り身を酒、みりん、醤油で煮て、器に盛るときにはらこを添える。はらこは、魚卵のことで特に鮭の卵（筋子）を指すことが多い。新鮮な鮭に恵まれた土地ならではの料理だ。

　鮭は重要な産物であり、徳川御三家の一つ水戸藩領からは、二万匹の塩引鮭が下野や上野のほか、江戸に販売されている。また蝦夷地で生産された塩を使わない**干鮭**や塩引鮭が江戸などに出荷され、庶民の食膳に載った。

　江戸勤番の和歌山藩下級武士・酒井伴四郎の記録では、自炊用の食材では、魚は安価な鰯が一位で年間四十二回の購入、二位が鮭の十八回であった。当時、切り身が普通であったが、万延元（一八六〇）年九月十日に二尺五寸（約七六センチ）の塩引鮭を二百五十六文（五一二〇円ほど、ただしインフレの進んでいた幕末なので勘案の必要がある）で買っている。倹約家の彼にしては大盤振る舞いだが「若山（和歌山）より大に安き事」と日記にあるので、値段に惹かれたのであろう。ちなみにこの鮭は一ヶ月ほど伴四郎の食卓をにぎわし、長屋の皆で一切れの焼き鮭を食べたり、この買い置きの鮭をつまみにして酒を飲んだりしている。こうしてみると二百五十六文は安い買い物だったようだ。和歌山の鮭が高いのは、鮭の遡上する川から遠く、運賃などかかったからなのであろう。

鮭の図。上は干鮭。
『和漢三才図会』

大根

だいこん

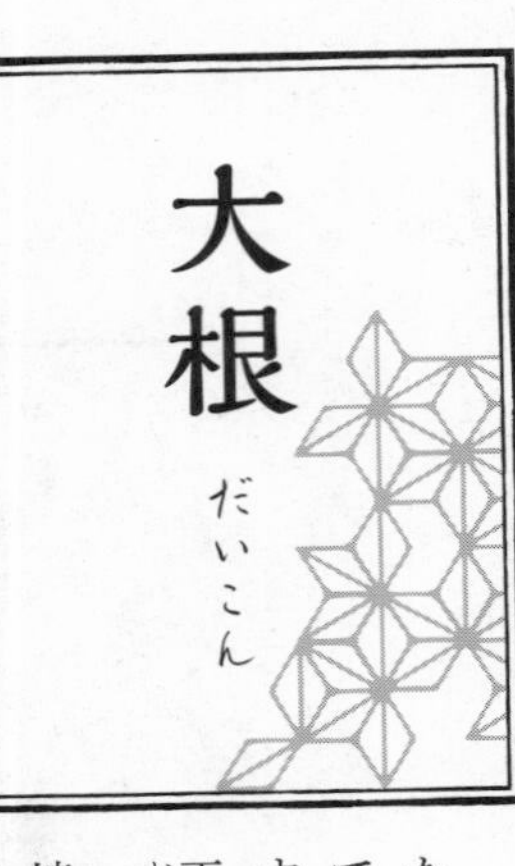

秋冬の食卓にのぼる出汁のしみた温かい**大根**、たまらない旬の味わいだ。大根は中央アジア原産で日本には早くから伝わり、『古事記』にも登場する。ただし古代の大根は高級野菜、奈良時代の正倉院文書によれば、大根一把（いちわ）の値段は高価な米一升（いっしょう）（現代の一・一合）に相当した。その後、栽培が広がった大根は、室町時代以降庶民的な野菜となり、江戸時代には人々の生活に欠かせなくなった。大根は古くは「おおね」と読み「だいこん」となるのは室町時代中期の事である。

品種は大変多く、現在、栽培されているものは一〇〇品種を超える。江戸時代から今に続く品種を挙げると、亀戸大根、練馬大根、守口大根、信州鼠（ねずみ）大根、方領（ほうりょう）大根、聖護院（しょうごいん）大根、桜島大根ほか、枚挙にいとまがない。収穫時期も秋冬だけでなく、春大根や夏大根などもある。用途も漬物や煮物、切り干し、おろしや刺身のつまなどさまざまで、用途によって品種をたくみに選んでいる。

かつてＮＨＫ朝の連続ドラマ『おしん』で登場して反響を呼んだ大根飯だが、これは飯に大根を混ぜたもので**糧飯**（かてめし）と言い、混ぜものをすることによって米や麦の量を減らす工夫として全国的に食べられており、江戸の庶民にもなじみ深かった。ちなみに『おしん』は二〇一三年に映画化され、大根飯が再び登場している。

ここで、大根飯を二種類紹介しよう。山形県最上郡に伝わる**大根葉飯**は、塩漬の大根の葉を刻んでよく水を切り、米に入れて炊く。割合は米一升に大根葉を二握りくらい、塩味が美味しい。かつては冬期によく食べたという。もう一つは、糧飯専門の料理書『都鄙安逸伝』（一八三三）の大根飯。米か麦の飯が炊きあがる時、なますのように刻んだ大根と塩を飯に載せて蒸し、混ぜて食べる。平年であれば醤油の出汁をかけて食べるが、米の値段が高い時は大根を多く入れ、塩味を加減して炊き、出汁はかけない。

漬物でいえば江戸では、葉も一緒につける浅漬けには亀戸大根、沢庵漬には練馬大根が使われる。どちらも江戸の名産野菜で、練馬大根の種は、参勤交代で江戸を訪れた大名たちが国元に持ち帰り、各地に広がった。また御三家の一つ尾張藩徳川家では尾張大根の別称もある宮重大根を、寒中に将軍に献上していた（『武鑑』）。

大根の漬物も種類が多いものの、古い時代にぬか漬の記録はない。ぬか漬は、江戸時代初期に玄米を精白する技術が広まり、米ぬかが手軽に入手出来るようになってから発展した。その背景には人口一〇〇万を超える江戸では庶民の間でも白米食が広まり、大量の米ぬかが生産されたことがある。大根のぬか漬といえば有名なのは**沢庵漬**だろう。江戸時代初期の名僧・沢庵宗彭にちなんで名づけられ、沢庵が開山、徳川家光が開基となった品川の東海寺では、この漬物を**百本漬**と呼んだ。江戸時代の料理書によれば、沢庵漬は生干しの大根一〇〇本を糠（ぬか）と塩で樽に漬け、重しを載せるとある。江戸市中の人々は、練馬の農家に大根一年分の沢庵漬をまとめて注文し、何回かに分けて取り寄せた。

また、酒の粕漬に**守口漬**がある。摂津国天満（せっつのくにてんま）（大阪府）の大根を河内国（かわちのくに）守口（大阪府）で漬物にしたので守口漬という。大根を塩で下漬して中漬で塩を抜き、熟成した酒粕で本漬するもので、とぐろを巻くように漬ける。現在の守口大根は名古屋近郊で栽培されていて、長さは一五〇センチにもなる。記録によれば、一七一二年頃の守口大根の長さは六六センチ、そして一八九一年頃で一〇〇～一三〇センチ……と、三〇〇年間で約三倍の長さになっており、品種改良の努力がうかがえる。また、薩摩藩が刊行した農書『成形図説』（一八〇四）によれば、現在世界最大級の桜島大根は、練馬大根のような姿である。野菜も時代とともに姿を変えている。

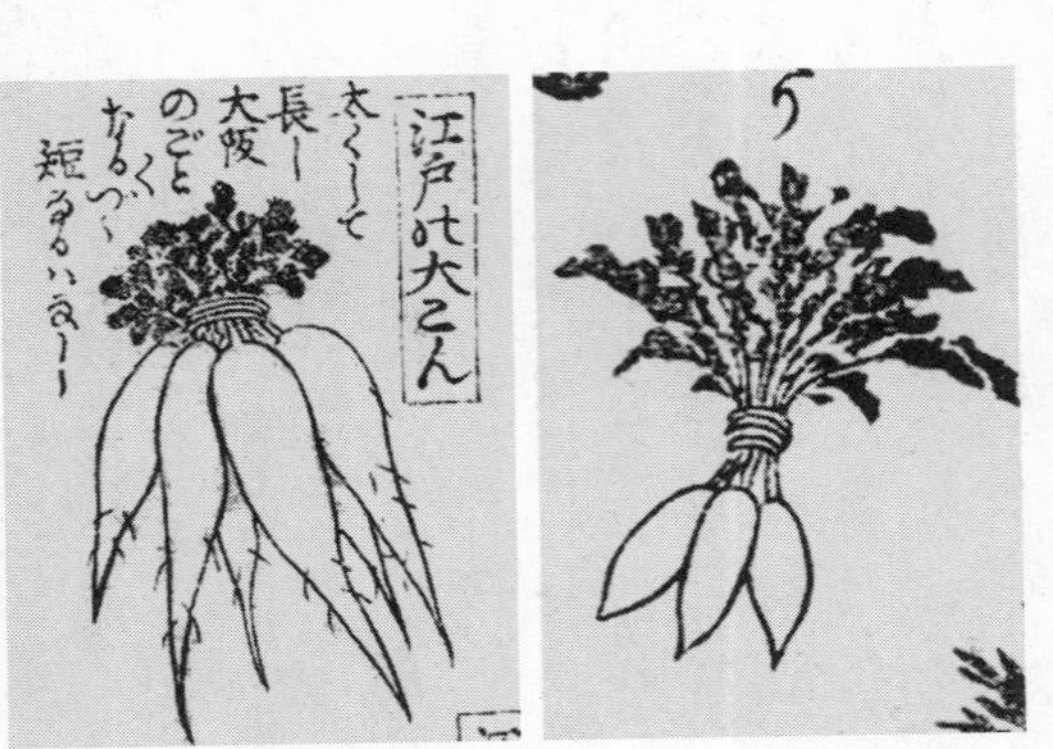

江戸と大坂の大根。江戸（左）は太く長い。『街能噂』

薩摩芋（さつまいも）

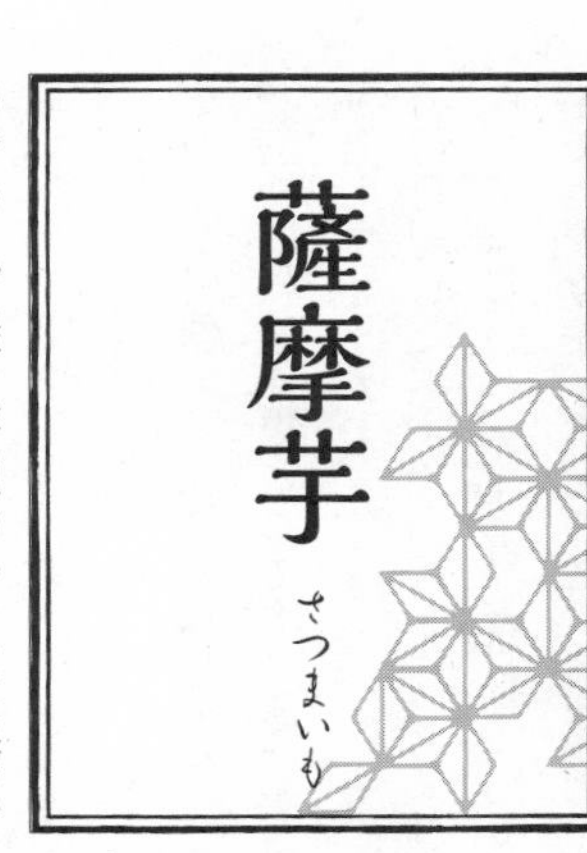

晩秋から冬にかけて、江戸の町には**薩摩芋の焼き芋売り**が多く姿をあらわす。簡単なしつらえの店で売る者が多く、『守貞謾稿（もりさだまんこう）』では幕末の焼き芋売りに関して「挙（あげ）て数ふべからず」と数の多さを強調している。また、町の出入り口に置かれた木戸番が住む番小屋でも、俗に番太郎と呼ばれる番人たちが草鞋（わらじ）や駄菓子などと一緒に焼き芋を売っていた。さしずめ現代のコンビニのようなものである。焼き芋屋の多さには驚かされるが、それだけ需要があったということである。まさしく焼き芋売りは、江戸の冬の風物詩であった。ただし江戸では、焼き芋の店売りが主流、京都や大坂では焼き芋や蒸し芋の店もあったが、町を売り歩く者の方が多かった。しかし江戸では焼き芋を売り歩くものは見ないとしている。ちなみに焼き芋屋の看板に**八里半（はちりはん）**と書かれているのは、栗（九里）の味に近いことを指し、**十三里**と書かれた場合は「栗（九里）より（四里）美味い」の謎かけだ。また、看板に**〇やき**とあれば、薩摩芋一個をそのまま焼いていることを指しており、つまり丸焼きである。

　コロンブスのアメリカ大陸到達以降、ヨーロッパに伝わった薩摩芋は、大航海時代にポルトガルやスペイン人によって東南アジアへもたらされた。日本へは慶長年間（一五九六～一六一五）初期に中国から琉球（沖縄県）、慶長一七（一六一二）年には薩摩（鹿児島県西部）に伝わり、その後平戸（長崎県）へはイギリス商館員がもたらした。むろん鎖国以前のことだ。以後、薩摩芋は九州を中心に栽培され、ついで京都あたりでも栽培された。

その後、薩摩芋が飢饉に際して有効な作物であることに注目したのが、八代将軍・徳川吉宗である。吉宗の命により、甘藷先生こと青木昆陽が栽培法を研究、享保二〇（一七三五）年に『蕃藷考』を著し、薩摩芋の普及に努力した。結果、伊予（愛媛県）、肥前（佐賀県）、薩摩、大隅（鹿児島県東部）、讃岐（香川県）などの主産地のほか、上総（千葉県）、下総（千葉県・茨城県）、武蔵（東京都・神奈川県・埼玉県）、相模（神奈川県）など、関東地方でも江戸を取り囲むように産地が生まれている。宝暦年間（一七五一～一六四）には、関東の産地のうち「銚子が上、伊豆大島の薩摩芋は絶品」と評された。その後、川越（埼玉県）などが産地として有名になる。

当初、救荒作物としての効能に着目された薩摩芋だが、味もよいことから日常の食料品としても広がり、寛政元（一七八九）年には『甘藷百珍』という一〇〇種の薩摩芋料理を記した本まで刊行されている。手軽な料理法は、今も昔も蒸し芋だろうが、天ぷらも美味しい。「安法事　衣着て出る　薩摩芋」という川柳では、安あがりに済ませた法事では薩摩芋が衣をまとって食膳に出る、つまり安くて美味しい薩摩芋の天ぷらがよく供（きょう）されたことを詠んでいる。幕末の京都や大坂では、一〇〇匁（約三七五グラム）の薩摩芋が銭六～七文で買えたというから確かに安い。先の川柳もこの安さを強調している。

　江戸時代、**芋飯**といえば里芋を用いた料理だったが、普及につれて薩摩芋も増えた。米が炊き上がる頃に、細かに切った薩摩芋と塩を入れてしばらく蒸せば芋飯は出来上がる。これは米一升（一〇合）に薩摩芋二〇〇匁を入れれば、米一四合に相当するかさ増しになった。美味しく安価な薩摩芋は確かに庶民の味方であった。

焼き芋屋の看板行灯。〇は薩摩芋丸のままの意味。『守貞謾稿』

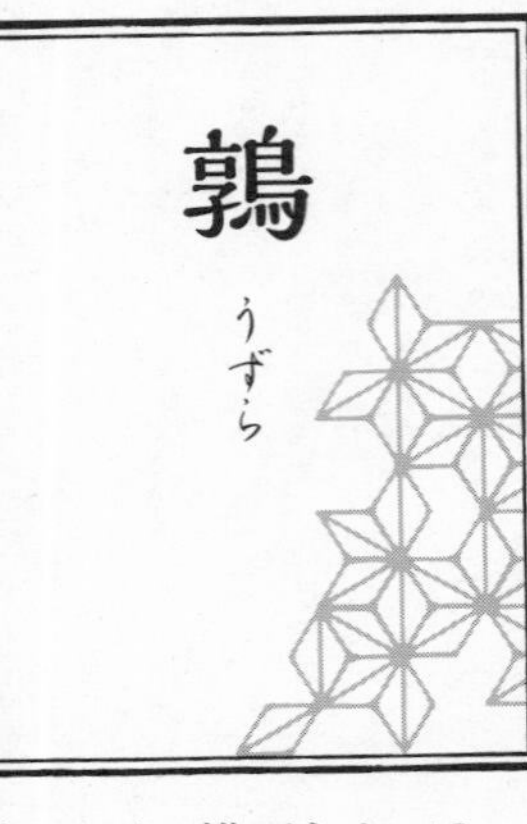

鶉

うずら

乱獲や環境破壊の影響により絶滅が危惧されるほど数が減ってしまった鶉だが、本来は日本人にとって身近な鳥である。古くから、食肉用としてだけではなく、愛くるしい姿を美術工芸品に多く描かれ、愛玩動物でもあった。特に「ごきっちょう」と聞こえる鳴き声が「吉兆」に通じることから尊ばれ、江戸時代には大名たちが鳴き声のよい鶉を盛んに飼育した。豪華な専用の鳥かごに入れ、鳴き声を競う「鶉合せ」も流行した。

現在、鳥肉といえば鶏の肉、卵といえば鶏卵を指すが、歴史的に、日本人が鶏肉や鶏卵をどの時代から食べるようになったかは、はっきりしない（鶏卵の項参照）。料理書などの文献に鶏肉が多く登場するようになったのは、江戸時代以降のことである。

古くから日本人は野山に棲む野鳥を日常的に食べていた。現在の教科書にあたる書物に往来物があるが、室町時代初期の『庭訓往来』には雉や鵠、鶉、雲雀の名があり、室町時代中期の『尺素往来』には鴨や雁、鴫などの鳥が加えられ「美物」として書き上げられている。美物とはうまいものという意味で、中世の日本ではさかんに野鳥が食べられていたことがわかる。これらの野鳥を家鴨のように家禽化されていく鳥がいることからも、四足歩行の獣の肉食が禁忌とされることの多かった日本では、野鳥の肉は重要なタンパク源としてだけでなく、「美物」として重宝（ちようほう）されたのであろう。

江戸時代、鶉は雉や鶫（つぐみ）に並び、庶民に親しまれていた。鶉というと、現在では卵を食べるイメージが強いが、かつては季節を問わず、様々に調理されていた。主な調理法を江戸時代の料理書から見てみたい。

日本最古の料理書刊本『料理物語』には、出汁に醬油を少し入れて、取り合わせに皮牛蒡、大根、葱、芹（せり）、滑茸（なめたけ）などを入れて作る**汁物**、鶉の肉を串に刺して焼く**串焼き**、肉を細かく切って酒に浸し、醬油、砂糖、味醂で味つけして煎った**煎り鳥**、濃い味噌汁で煮込んだ**濃漿**（こくしよう）、塩味の煮物である**せんば**（船場）、肉の切り身を醬油に漬けて焼き、細かく切って辛子酢で和えた**がぜち和え**などが紹介されている。また、**組焼き**という料理では、鶉を醬油に漬ける、もしくは味噌漬けにして焼いておき、鴫や雉といった他の鳥の焼物や野菜、海苔などをそえる。見目も豪華に盛り合わせており、香り高い鳥料理が楽しめる。こうして見ると江戸時代の人々は、現在に比べて非常に多彩な鳥料理を楽しんでいたことがわかる。くずしとは魚肉のすり身をさすことが多いが、なかには鶉を用いた鶉くずしというものもあった（『料理調菜四季献立集』）。

料理ではないが、京都で禁裏御用を務めた虎屋の宝永四（一七〇七）年の『御菓子之（おかしの）畫圖（えず）』には、鶉の形をした菓子が描かれ「うつら餅」との菓子名が書かれている。鶉餅は京都伏見の名物でもあったが、愛らしい鶉の姿が菓子に写されており、現代の「ひよこ」に通じる。

鶉の図。『和漢三才図会』

里芋

さといも

秋が訪れ、里芋がとれる頃ともなれば、山形県内では、河原で火を焚き、里芋に蒟蒻、牛肉などを入れて煮た大鍋を親しい人々で囲み、酒を酌(く)み交わす。これは芋煮会と呼ばれるもので、元は芋煮祭という収穫祭に由来するといわれている。かつては肉ではなく干魚(ひうお)が使われたが、大正頃から肉に変わったという。この芋煮会、山形県以外の東北各地でも行われているが、鍋に入れる材料は地方によって違う。

里芋にちなんだ行事や祭りは日本各地にあり、旧暦八月十五日と九月十三日、夜空の月に里芋を供えるのも、かつて収穫を祝った祭りの名残だという。なぜ、里芋を供えるのだろうか。里芋が日本に渡来したのは稲よりも古く、縄文人にとって、主食に近い存在であったという。そうした遠い記憶が、収穫祝いに里芋を食べる風習となって残っているのであろうか。また、親芋の周りに子芋・孫芋が密集してつくことから子孫繁栄の象徴ともされた。

正月の雑煮の主役が餅ではなく里芋の地域も多い。もちろん関東で食べられる雑煮にも里芋は入るが、白味噌仕立ての雑煮を食べる京都などでは、餅を椀の片隅に押しのけるように頭芋（親芋）が入り、鹿児島県では大きな八頭が入る。他にも、餅を入れず里芋のみ入れるという地域もあり、日本人にとって身近な食材である。食物史家・川上行蔵氏によれば、里芋という言葉が確実に文献に登場するのは、戦国末の一五六〇〜八〇年頃と言い、言葉としては新しい。しかし、江戸時代まで単に芋といった場合、里芋のことを指すことが多かった（『食生活語彙五種便覧』）。

里芋と言っても、八頭、唐芋、海老芋ほか種類が多く、厳密には里芋とは別種であるが、蓮芋なども里芋の範疇とされる。里芋の食べ方も多種多様だ。汁の実、田楽、甘煮、味噌煮、煮染、塩煮、和え物、真薯、八頭を摺って半平や蒲鉾に入れるなど、調理法が大変多い。中でも素朴な味わいなのが、里芋を竹串に刺して焼く**芋田楽**。焦げ目がつくほど焼くことで、香ばしい匂いと濃厚な味が楽しめる。田楽の味噌は味醂、酒、砂糖で味を整え、山椒、生姜、柚子、胡麻といった季節の味を加えてもおいしい。

なお、里芋は芋（塊茎）だけではなく茎も食べる。一般に里芋の茎はエグ味が強いが、唐芋にはほとんどエグ味がない。葉柄をはがして乾燥させた芋茎と呼ばれるものを茹で、酢の物や煮物にする。保存食として有用で、兵糧としても重宝された。戦国武将の加藤清正は、熊本城の畳に芋茎を入れて、籠城戦に備えたという。そもそも芋が大きくならず茎を食べる蓮芋もある。二〇〇〇年頃の夏、京都出張の折に良く訪れた店で、若い里芋の芋茎を干さずに生のまま薄味で煮て、生姜を添えた汁物を食べた時はさっぱりとして美味しく、時期があえば必ず頼む一品となった。

京都に芋棒という料理がある。江戸時代中頃に祇園(ぎおん)の円山(まるやま)で始まったというが、長めの芋が湾曲している海老芋を使う。芋棒の棒は棒鱈(ぼうだら)のことで、頭と内臓を取り去り、背から割って骨を取り、干したものである。この棒鱈を水に漬け、朝晩に水を換え、時間をかけて戻したら熱湯をかけて切る。皮をむいた海老芋と一緒に出汁で煮て、砂糖と醤油で味つけして煮詰める。淡白な棒鱈の味と、きめ細かくねっとりとした海老芋の相性は抜群である。かつては毎月朔日(ついたち)と十五日に作って食べたといわれ、今でもよく作られているようで、京料理の一つとして観光客に人気がある。

薩摩芋も米と一緒に炊いて食べるが里芋も同様で、米一升に大きな芋は二つに切り、小さなものはそのまま、やはり一升分の里芋を入れてかき混ぜ、塩を入れて炊けば里芋飯となる。随分と米の節約になったという（『都鄙安逸伝』）。

里芋の図。『和漢三才図会』

梨

なし

「淡雪を　富士なりに積む　水菓子屋」。江戸の町のそこかしこには、季節の果物を売る水菓子屋があった。売り方も工夫され西瓜は切って並べるが、**淡雪**という名の**梨**を富士山の形に積み上げ、富士の高嶺に積もる雪に、品種名の淡雪をひっかけている。先の川柳はそのさまを詠んだものだった。

　梨は古くから文献に登場する。平安時代に全国から朝廷へ納められた菓子（果物）の記録である『延喜式』の「諸国貢進菓子」（九二七）によれば、梨は因幡国（鳥取県）、**青梨**は甲斐国（山梨県）から納められていた。青梨というのは実が熟しても皮の色が緑色で、形も通常の梨よりやや細長い。梨の語源には諸説あるが、「身が白い＝中白」から来ているともいわれる。また「無し」に通じることを忌避され、「有りのみ」ともいう。

　梨の食べ方といえば、まずは生食で、みずみずしい果汁の甘味が身も心も癒してくれる。切り方にも色々あり、軸をつけたまま丸むきにしたり、櫛形に切って重ねたりと、いろいろ作法があったようだが、やはり丸のままかじるのが手っ取り早い。

　調理法としては和え物、膾などがあげられるが、先ほどの淡雪を無疵のまま、多めの粕に漬ければ**梨の粕漬け**となる（『四季漬物塩嘉言』）。青梨を炙って細かに切って、豆腐にかき混ぜ、布巾で茹でたものを**梨豆腐**という。昆布を炙って粉にして、これに合わせれば墨染豆腐になる（『豆腐百珍』）。梨を材料にした菓子では、上等の**水梨**の両方の小口を切って中の芯を抜いて、中へ上等の饅頭を二つほど押入れて蒸したものが**梨饅頭**だ（『料理早指南』）。水梨というのは通常よりも水分の多い梨を指すが、この梨饅頭、私は残念ながら未だ試したことがないので、どのような味かわからない。現在でも同じ名前の菓子が販売されているが、製法は別のようである。続いて**梨羹**は、最上等の梨をわさびおろしですり下ろし、さらにすり鉢でよくすり、水嚢（漉し布）で裏ごしをしたら、軟らかく煮た寒天と合わせて漆塗りの箱に入れて固める。味つけは砂糖と焼き塩でつける。

江戸の人々はどれくらい梨を食べたのであろう。幕末の江戸を訪れた紀州和歌山藩の下級武士・酒井伴四郎は、万延元（一八六〇）年の七月十八日に梨を三個買っているが、それから五日間、ほぼ毎日、梨を一個ずつ買っており、一日一個の梨を楽しんでいる。それ以降、伴四郎は五日ほど梨を買っていないが、その後、また五個ほど買っている。結局、梨購入の記録は八月十八日まで続く。旬の時期においしい物を集中的に食べる、江戸スタイルだ。気になる値段だが、一つ四文（八〇円）から十六文（三二〇円）とばらつきが大きい。品種や大きさなどによる値段の差が大きかったのであろう。

江戸の近郊には梨園が多く、下総国八幡（千葉県市川市）や相模国大師河原（神奈川県川崎市）、生麦（神奈川県横浜市）が特に有名で、二月（新暦三月頃）には白い花が咲き誇り、道行く人々の目を楽しませた。また東海道の川崎宿では名物の梨が有名だったが、当時の旅行案内書では腹を下すという理由から、梨の食べ過ぎを戒めている。ちなみに明治から昭和にかけての代表的な品種・長十郎は、明治二十六（一八九三）年、川崎の大師河原で誕生している。川崎の梨は、多摩川を遡って産地が広がり、現在でも多摩川中流域に梨園が多い。

下総国八幡の梨園。『江戸名所図会』

柿

かき

「ええやっと　渋を喰ふ　八年目」。桃栗三年**柿**八年というように、柿は実がなるまでに八年を要する。冒頭の川柳は八年待って柿を食べる様子を詠んでいるが「渋」とあるので、その柿は**渋柿**だった。

柿は含有しているタンニンによって、甘柿と渋柿に大別される。渋柿は**干柿**などのように人工的に渋を抜いて甘くする。柿の過半以上が渋柿で、樹上で自然に渋が抜ける「完全甘柿」は一割に満たず、これらは**木練柿**と呼ばれた。柿は渋柿の遺伝子の方が優勢なのである。

渋柿を甘くする方法として、硬い柿を埃の少ない場所に置いて徐々に柔らかくして甘くする**熟柿**、皮をむいて縄や糸に結ぶ、あるいは木や竹の串で刺して連ねる**干柿**（**吊柿**）、**串柿**、皮をむいて天日で干して、莚に転がして乾燥させることで、白い粉をふいて甘くなる**ころ柿**がある。

柿の歴史は古く、文献では、奈良時代の正倉院文書に「柿」、「干柿」の名が見える。以後、数々の文献に登場し、江戸時代後期の本草学書『本草綱目啓蒙』には二〇〇余種の柿が記され、昭和初期には八〇〇～一〇〇〇種にまで増えている。

江戸生活案内『江戸自慢』には、幕末の果物事情が記されているので、一部を紹介したい。「蜜柑は紀州などから大量にもたらされ、値段も安い。橙もまた多く安い。梨は安いが味がない。桃は苦く、栗も安いが半分は虫が入っている。枇杷は売られる量が少なく食べることは少ない。葡萄はたくさんあり、贈答品の花形である」とある。肝心の柿であるが「うまいが高い」と値段を問題にしている。ほぼ同じ時代を江戸で過ごした酒井伴四郎は、「味がない」と評された梨をよく買っていた。柿はどうかというと、万延元（一八六〇）年九月一日に十四文（二八〇円）、十四日に八文（一六〇円）で、それぞれ一個ずつ購入している。梨に比べて購入回数は非常に少ないが、それが嗜好の問題なのか、値段の問題なのかはよくわからない。ただ柿一個十四文は確かに高い。

江戸近郊の王禅寺村では、古くから柿が名産であり、**禅寺丸**の名で江戸に出荷された。弘化二（一八四五）年には産額にして年間二百五十両（一両一〇万円とすれば）と、すごい金額である。この柿が、後に合併した際の名称である柿生村（川崎市麻生区）の地名の元になったという。

柿は生食がおいしいが、和物などの料理にも使われる。青い柿を粕漬にすると風味がよく、甘くなるので会席料理の**香の物**として添える。あるいはヘタを取って種を抜き、袋のように広げて、焼いた栗を中に詰め、胡麻油で揚げて切り分ける**柿衣**という料理もあり、まさしく柿の衣である。

関西へ旅行された方の中には、**柿の葉寿司**を食べられた方も多いと思う。鯖を新鮮な柿の葉で包んだ押し鮨である。奈良・吉野の郷土料理で元々は圧しをかけて数日置いて熟成させたなれ鮨であった。もちろん飯も一緒に食べるが、先人たちは柿の葉に含まれるポリフェノールが腐敗を抑えることを体験的に知っていたのである。また、柿は羊羹など菓子にも利用されている。柿入り外郎（ういろう）餅は四角い箱に外郎の生地を敷き詰め、上に上等な吊柿の中の柔らかな部分を薄くへいで並べ、その上にまた外郎生地を載せて蒸しあげて切るものである（『御前菓子秘伝抄』）。

柿の利用法としては、未熟で青い柿から採った柿渋で和紙を染めれば、防水性と耐久性が増す。その紙を渋紙と言い、雨具や防寒用の合羽や梱包材など様々に利用された。

美濃の吊柿。『日本山海名物図会』

唐辛子（とうがらし）

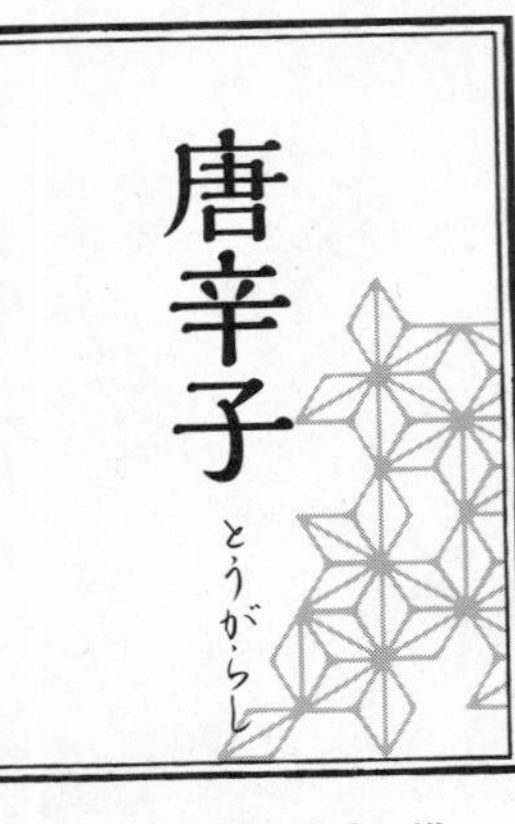

「蕃椒（とうがらし） 羽をはやせば 赤蜻蛉（あかとんぼ）」。江戸時代の女流俳人加賀千代女（かがのちよじょ）が「赤蜻蛉の羽根をもぎ取れば唐辛子」という句に手を加えたものである。細長く、赤い唐辛子は江戸時代の人々にとって身近な野菜であった。

　唐辛子はコロンブスの新大陸発見によって、新たにもたらされた香辛料である。日本への伝来については諸説あり、朝鮮侵攻によってもたらされたともいわれている。しかし、実際はどうであろう。たしかに朝鮮侵攻が始まった翌文禄（ぶんろく）二（一五九三）年、奈良・興福寺の多聞院（たもんいん）英俊の日記に、唐辛子の種を蒔く記述がある。食べてみたところ、その辛さは「消肝（きもをける）」「辛事無類（からきことむるい）」と書かれており、相当の辛さであったようだ。これが朝鮮からもたらされた唐辛子であろうか。ただ、これより早くポルトガル人宣教師ルイス・フロイスは一五七〇年代の手紙や著作に、日本人が唐辛子を食べることを記しており、中には麺に唐辛子や芥子（けし）を入れるという記述もあり、彼自身は、日本人への手土産に唐辛子の酢漬けを持参した。逆に朝鮮の記録の中には「唐辛子は倭国（わこく）（日本）からもたらされた」というものもあるという（『芝峰類説』）。少なくとも日本へは一五五〇年代以降、ポルトガル船の寄港地などに少しずつもたらされたのであろう。

唐辛子の種類は多い。平賀源内の『蕃椒図譜（とうがらしずふ）』には五十四種の蕃椒の彩色図が載っている。その房の赤さから観賞用としても栽培されていたが、辛さの幅も広く、農書『百姓伝記』には、小さいほど辛みが強いとあり、なかでも**鷹の爪**（たかのつめ）の辛さは格別である。

唐辛子は煮たり焼いたりして食べたが、汁物にもなった。**煮唐辛子**という料理は、唐辛子の種を取って炒（い）り、鍋で煮てから一昼夜浸す。それから切り分け、味醂酒と焼塩で調味するという。また現在、京都の名産野菜に万願寺唐辛子がある。この万願寺を焼いて出汁をかけて汁物にして食べるのも美味しく、良い酒の肴である。

しかし、江戸時代でも現在でも一番多いのは、やはり麵類などの薬味としての利用であろう。かつては**青唐辛子**の輪切りや千切りにしたものを薬味に使ったが、**粉唐辛子**に工夫されるようになった。その背景には蕎麦食の普及があった。古くはうどんには**胡椒**が使われたが、輸入品の胡椒は高価である。そして醬油と鰹節の蕎麦汁に胡椒は合わない。そこで唐辛子となったが、唐辛子だけでは辛すぎるので、**山椒**や**陳皮**（蜜柑の皮）、**胡麻**、**芥子**などを加えた**七味唐辛子**が江戸・薬研堀（やげんぼり）で工夫され、蕎麦には欠かせないものとなった。ちなみに江戸時代では、七味で「なないろ」と読ませた。

関東で唐辛子の産地といえば、まずは日光（栃木県）、そして意外なことに内藤新宿（新宿区）が名高い。ここに屋敷を構えた大名・内藤家の菜園で作られた八房（やつふさ）唐辛子が徐々に周辺の農家に広まったという。時期ともなれば、現在の新宿駅一帯は熟した唐辛子によって真っ赤に染まった。新宿の唐辛子も七味唐辛子に姿を変えたのであろう。この唐辛子、東京野菜の一つとして、復活している。

一七七〇年代頃から、大きな赤い唐辛子の張り子を背負った振り売りが「とんとんとんがらし、ひりりと辛いは山椒の粉、すはすは辛いは胡椒の粉ー」などと掛け声をかけながら、七味唐辛子を売り歩く姿が江戸の町中で見られた。背負った張り子のなかには小袋に入った七味唐辛子が入っていた。そのほか唐辛子は衣類のカビや虫食い予防剤としても使われていた。変わったところでは、死にそうな小鳥に唐辛子を浸した水を飲ませたら生き返ったという話が残っている。

唐辛子売り。『金儲花盛場』

大豆

だいず

大豆は畑の肉と呼ばれるほど栄養価が高い。**大豆**の成分中、約三四パーセントが良質なタンパク質であり、肉食が少ない前近代の日本人にとって、なくてはならない食物であった。大豆の原産は中国で、縄文時代に日本へもたらされ、当時から食用にされていた。その名は『日本書紀』や『古事記』に見られ、さらに八世紀の正倉院文書には**熬豆**(いりまめ)（**黄粉**）や**煎豆**（**塩豆**）、茹でた大豆とモチ米を一緒に搗(つ)いた**大豆餅**といった利用法が記されていた。大豆餅は「まめもちい」と読み、古く豆といえば大豆を指していた。

大豆の品種は多く、世界的には一〇〇〇を超える品種がある。日本で栽培される品種も数多くあり、**黒大豆**や**黄大豆**や**白大豆**、**青豆**や表面に虎の模様のような紋のある**虎ふ豆**ほか、挙げればきりがない。ただ**納豆**には小粒の品種、**煮豆**には黒色品種、**モヤシ**は大粒のものがよいなど、用途によって品種も使い分けられている。日本人にとって欠かせない調味料である**醬油**や**味噌**の原材料になるほか、**豆腐**や**湯葉**なども大豆から作られるが、今回はさらに別の利用法について紹介したい。

黒豆の煮染めは正月の祝い膳にも載せられるめでたい食べ物であるが、かつてはこれを常時、酒の肴にしていたという。この煮豆は**座禅豆**の名で知られており、江戸時代には塩辛く醬油で煮たものと、砂糖で煮た甘い物の二通りがあった。ちなみに座禅豆の名は、座禅の前に食べると小便が少なくなり、座禅が楽になることに由来する。

大豆のモヤシも江戸時代によく食べられ、鹿児島では正月の**七草**のひとつにされていた（『成形図説』）。作り方は、冬に湧き水か浅い流れに藁の菰を敷いて大豆を広げ、その上を草木の葉で覆えば二週間ほどでモヤシになり、温泉を利用すれば早く大きくなる。モヤシは汁物にも使われるが、京都・宇治の黄檗山万福寺には黄大豆のモヤシを油で炒めた**巻煎**という料理がある。隠元禅師以来、中国人僧が十三代にわたって住職を務めた寺らしく中国風の料理である。

筆者は大豆といえば納豆を思い浮かべる。現代の私たちの食卓に欠かせないものであるが、事情は江戸時代も同じであった。納豆の中には発酵させた大豆を塩水に浸して香りをつけて干した、ネバネバしない**浜納豆**などもあるが、糸を引く納豆の方が身近に感じる。納豆は大豆を煮て稲藁の苞に包んで納豆菌を繁殖させて作るが、最もおいしい食べ方として「納豆を叩いて蕪の葉や豆腐を加えて汁物にして芥子を入れる」と『和漢三才図会』にある。

江戸時代後期、享和～文化年間（一八〇一～一八）の冬の江戸では、粒をよく叩いて擂った納豆を四角や三角形に固め、それに賽の目に切った豆腐に刻んだ菜や辛子を添え、一人前八文（約一六〇円）ほどで売られていた（『真佐喜のかつら』）。独り者の朝食には便利であったが、天保年間（一八三〇～四四）になると、叩かずに食べる方法が主流となったのか、普通の納豆を売るようになった。納豆売りと豆腐売りの姿は江戸の朝の風物詩であり、江戸の朝食に大豆はなくてはならないものであった。

大豆を炒って粉にすれば黄粉となり、砂糖を混ぜて餅や団子につけて食べる。この黄粉を水飴で固めた菓子が**豆飴**である。江戸時代から京都の銘菓として知られ、棒状にした豆飴の周囲に三本の竹を当てると、洲が入り組んだ海浜を表す形になることから洲浜とも呼ばれる。素朴な味わいながらも美味しく、筆者の好物で、はじめて食べたのは京都の洲浜で知られた店のもので、以降出張の折によく購入した。残念ながらこのお店は二〇一六年に閉店したが、その味を受け継いだ店が場所も同じ所（丸太町通烏丸西入）で、二〇一八年から営業を始めている。

実った大豆。『成形図説』

葡萄（桃・林檎）

夏から秋と言えば果物の季節である。江戸時代、果物は「水菓子」と呼ばれ、江戸の町には果物を売る屋台が出て、人々はその甘味とみずみずしさを楽しんだ。また、果物は季節を知らせてくれる風物詩でもある。たとえば**桃**は、三月三日の雛祭り（上巳の節句）は桃の節句とも言われ、桃の花を供える。夏の土用の頃は桃の収穫期であり、桃の甘さが一時暑さを忘れさせてくれる。また、土用に桃の葉を風呂に入れて入浴すると汗疹に効くとされた。これは桃葉湯、桃湯などと呼ばれ、江戸の銭湯では桃の葉を湯船に浮かべ人々を迎えたという。

ちなみに桃にまつわる伝承には、いくつか面白いものがある。たとえば「桃を食べてすぐに水を一気に飲むと淋病になる」「物忘れのひどい人には、桃の木で作った枕を使わせると良い」などである（『和歌食物本草』）。なお、『和漢三才図会』によれば、桃の実は頭が尖り曲がっているものは甘く、尖っていないものは酸味があり、美味しくないとされる。果物は夏の道中の楽しみでもあった。文化十四（一八一七）年三月二十三日から一〇八日間にわたって各地を旅した三井清野という女性は、五月二十八日（新暦七月十二日）ころから、桃、西瓜、瓜、と度々食べ、暑さを忘れている（金森敦子『きよのさんと歩く大江戸道中記』）。

林檎は秋の果実である。林檎は鎌倉時代頃から食べられてはいたが、江戸時代になってもそれ程は広がってはいなかったようである。幕末から明治にかけて欧米の林檎がもたらされると、広く食べられるようになった。林檎の日本への伝来については、興味深い逸話が残っている。幕末の名君・越前藩主松平春嶽は、慶応二（一八六六）年幕府の蕃書調所（東京大学の前身）の田中芳男へ西洋林檎の接ぎ木を勧めた。田中が越前藩の屋敷を訪れると二〇〜三〇種類の林檎が栽培されており、在来の林檎や海棠を台木にして接いだものを各地に配付したという。西洋林檎普及の始まりである。

そして秋と言えば**葡萄**であろう。現在は種類が多く、大きく甘いが、江戸時代も『本朝食鑑』によれば、蜜のように甘いとされる。産地は現在同様、甲州（山梨県）が名高く、次いで駿州（静岡県）が多く産し、八王子（東京都八王子市）あたりからも江戸へ運ばれ売られた。ただし葡萄の値段は高く、庶民にはなかなか手の出せないものであった。

葡萄は水菓子として食べられたが、少し珍しい食べ方もある。甘い葡萄を砂糖でコーティングして菓子として食べる。「月の雫」の名で知られ、現在でも山梨県の名菓として続いている。高価な葡萄をさらに高価な砂糖で包む贅沢な菓子である。幕末の儒学者で代官なども務めた幕臣林鶴梁は、甲府の学問所・徽典館の学頭となり甲府に赴任している。彼は土地の名菓月の雫を贈答に使っている。弘化四（一八四七）年一月には金一朱分（一朱は一両の十六分の一）（六二五〇円）で月の雫を一箱買って贈っていることから、高価な菓子であったことがわかる。

葡萄酒は外国の酒で、戦国時代にはポルトガル人宣教師が布教に利用したことが『太閤記』などに記されている。『合類日用料理抄』にある葡萄酒の作り方が面白い。葡萄の汁を煮て冷やし、焼酎か泡盛を葡萄汁の三分の一程入れる。また、夏に実る果実の竜眼の果肉（竜眼肉）の皮を取り、焼酎をひたひたにいれて十四日程漬けておき、醤油色になった竜眼肉を布で漉して、かすは捨てる。この二種類を合せれば葡萄酒になるという。発酵した葡萄酒とは随分と違った味わいで、アルコール度数も高そうである。葡萄は漬物、酢の物、葛仕立てなど料理法も案外多い。

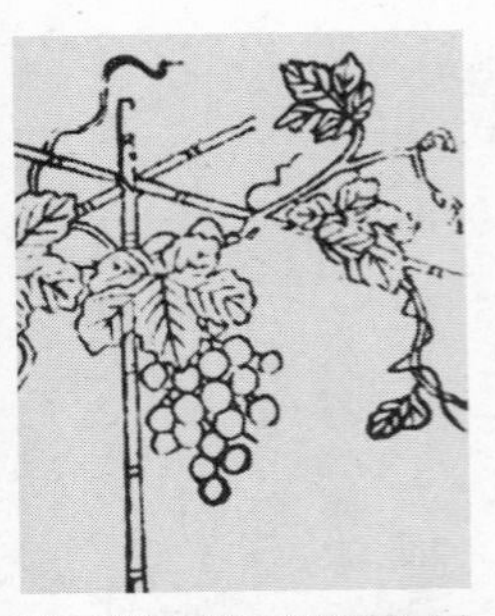

上から葡萄・林檎・桃の実。
『和漢三才図会』

冬

葱

ねぎ

「太股の 白い所が 葱のよう」。食に関して、関東と関西の違いに戸惑うことも多い。学生の頃、京都への調査旅行があり、夕飯を先輩に奢ってもらったときのことだ。出された料理に短く切った青い葉がいっぱい乗っていた。聞けば葱だという。それも**九条葱**という、京都特産のものだそうだ。関東で生まれ育った私にとって、葱といえば白い部分を食べるものと決まっていた。

西日本では、葉の部分を利用する**葉葱**といわれるものを使うが、その代表が九条葱である。関東では根の白い部分を主に食べるので**根深**という。ただし九条葱の名は、江戸時代の農書には存在せず、命名は明治以降である。また根深の白い部分は根ではなく、葉の基部（根本）にあたる。今の私は、冬に訪れた京都で雲子（鱈の白子）を出汁で炊いて、たっぷりの九条葱をかけた**雲子鍋**が大好物である。

江戸生まれの江戸育ちの幕臣・蜀山人こと大田南畝の評価が面白い。『一話一言』によれば「下野栃木（栃木県）や武蔵岩槻（埼玉県）の白身の多い根葱がおいしく、上方・西国の葱は白身がなく、また長い大根もない。この葱と大根は江戸のものが勝っている」としている。まさに「江戸っ子」南畝の感想である。江戸の葱といえば砂村（江東区）あたりで作られる**千住葱**が最高で、秋冬に多く出荷された。

葱は煮物や薬味だけでなく、様々に料理されているが、ぶつ切りにした葱と鮪を一緒に煮た**葱鮪鍋**はまさしく江戸の味である。『東海道中膝栗毛』の弥次喜多が藤枝宿近くの白子（静岡県）で葱鮪鍋を食べる場面で、江戸と同じものだと思っていたら、生の鮪を煮たものではなく、鮪や鰹の切り身を生姜汁などを加えた醬油に浸して焼いた**きじ焼き**（焼き物の一種）を煮たものが出てくるシーンがある。まさしく所変われば品変わるである。ちなみにこの時の鮪は古く、酒も半分水で割ったもの、肴は六十四文（一二八〇円）酒は二十八文（五六〇円）もした。

江戸時代、大坂・難波は葱の産地であり、葱を使った料理に難波の文字をつけた。魚や野菜を葱と一緒に煮た**難波煮**がその代表である。また鴨肉に葱を加えた蕎麦は「鴨なんば」と呼ばれたが、江戸では「なんば」が「南蛮」に変化して**鴨南蛮**になった。

いくつか葱の料理を紹介したい。おなじみの紀州和歌山藩士・酒井伴四郎は根深を使って雑炊を作っている。本草書『本朝食鑑』によれば、正月元旦には、冬葱で雑煮を作って食べたという。また葱の風味と御飯はよく合って、さっぱりとおいしいのが**葱飯**だ。作り方は白い葱を細く千切りにして、よく茹でて水を切ったら、飯が炊きあがる頃に準備した葱を上において蓋をして蒸し上げる。また別のやり方として、最初から米と葱を一緒に炊いて、すまし汁をかけ、薬味には刻んだ唐辛子、揉んだ海苔を添えるというものもある（『料理早指南（はやしなん）』二編）。

臭和（くさあえ）というのは、生葱を細かに切ってすり鉢で摺り「葱・三」に対して「味噌・七」の割合で酒や出汁で和（あ）えるものであるが、葱独特の臭いから臭和と呼ばれたのであろう。

一方、匂いの強い食べ物に葱を合わせることもある。臭いといえば、韮（にら）や大蒜（にんにく）、葱は香りの強さから、禅寺には持ち込めない。禅寺の門前には「不許葷酒入山門（くんしゅさんもんにいるをゆるさず）」（香りの強い野菜や酒は山門の中に入れてはいけない）という石柱が建っている。修行の妨げになるという意味だが、精がつきすぎては余計なことを考えてしまい、修行の妨げになるからだという解釈もある。

葱の図。『成形図説』

砂糖

さとう

昨今のダイエットブームで一躍、悪役の座に躍り出てしまった**砂糖**だが、古くは薬として使われていた。奈良時代、聖武天皇が使用した医薬品を書き上げた古文書『種々薬帳』にも砂糖（蔗糖）が記されている。甘味料というよりも薬として長く用いられてきたことから、江戸時代に入っても砂糖は薬種屋が商った。ちなみに砂糖を中国から日本に初めてもたらしたのは、奈良の唐招提寺を開いた唐僧鑑真であったとも言われている。

日本に伝わり、徐々に甘味料としての需要が高まっていた砂糖だが、一〇〇パーセント輸入に頼っていたので、大変高価で貴重なものであった。例えば室町時代、守護大名の大内氏は、明国との貿易で巨万の富を得たが、貿易許可のお礼に朝廷や将軍を訪れた時に、明国土産として砂糖を献上した。献上のあった翌日から公家や幕府高官たちの日記に、餅に砂糖をまぶす**砂糖餅**の名が登場する。つまり公家や幕府高官たちでも、天皇や将軍からのおすそ分けがないかぎり、なかなか食せない存在だった。当時、砂糖餅を肴にして酒を飲むこともあったが、現在とくらべると随分と変わった酒のつまみである。

現在、ほとんどの砂糖は**甘蔗**（サトウキビ）と**甜菜**（サトウダイコン）から作られるが、甜菜糖の歴史は浅い。十九世紀のヨーロッパでは、ナポレオン一世の大陸封鎖で西インド諸島からの砂糖輸入量が激減、代わりとなる甜菜糖の産業化が進んだ。日本に甜菜がもたらされたのは明治以降、それまでは甘蔗による砂糖製造が行われていた。

江戸時代、琉球（りゅうきゅう）で**黒砂糖**生産が始まると薩摩（さつま）藩が独占的に販売した。その後、薩摩藩領であった奄美（あまみ）に製糖法が伝わったのは元禄元〜三（一六八八〜九〇）年のことである。薩摩藩だけでは国内の砂糖需要を満たすことが出来ないため、オランダや清（しん）国との長崎貿易によって大量の砂糖が輸入されていた。ただし、上等な**氷砂糖**や**白砂糖**が手に入るのは、公家や大名、あるいは裕福な町人など、社会の上層の人々に限られていた。中でも江戸城大奥では、白砂糖をふんだんに使った上等な菓子が好まれたという。

砂糖の輸入による海外への財貨流出を憂（うれ）いた八代将軍徳川吉宗は、砂糖の国産化政策を進め、十八世紀中期以降には現在の静岡県、和歌山県、岡山県、広島県、山口県、四国地方や九州地方などで甘蔗栽培と製糖業が定着した。

甘蔗は前年に蓄えておいた苗（キビの節）を植え、暖かな国では冬至（とうじ）の頃、関西などでは冬至の二十日前頃に刈り取る。そのキビを大きな石や鉄の輪に挟み、馬や牛で回して汁を絞り、煮詰めて固めたものが黒砂糖、精製したものが白砂糖だ。中でも上等なものは**和三盆糖**（わさんぼんとう）としてもてはやされ、現在では香川県と徳島県が産地として知られる。和三盆糖の由来であるが、精製の過程で盆の上で砂糖に水を加えながら三度ほどもむことに由来する。このもむ作業を研ぐと呼び、研いだ砂糖の原料は布に詰められ重しを掛け水分を抜く。そしてまた研ぎが繰り返される。筆者が訪れた徳島県板野町の製糖場では、大きな木の台上で研ぐ作業を五、六回は行っていた。手間がかかって高価な和三盆糖であるが、独特の風味が和菓子に珍重されている。私は和菓子だけでなく、普段はブラックで飲むコーヒーに時々和三盆糖を入れて楽しんでいる。

味覚の十字路である江戸に各地の料理が集まり、江戸料理は完成した。その特徴は砂糖や味醂を使った甘い味つけにある。一説に和食は江戸で完成したと言われているが（渡辺善次郎『巨大都市江戸が和食をつくった』）、そこには国産化によって生産量が増えた砂糖が大きな役割を果たしたといえる。ロシアへの危機感と蝦夷地の開拓を説いた『赤蝦夷風説考』で有名な工藤平助は、『報国以言』（一七八一）のなかで砂糖の問題に触れた際、輸入砂糖の内、高級な氷砂糖と太白砂糖は貴人（公家や大名など）の菓子に使われ、中白砂糖二五〇万斤（約一五〇〇トン）の内一五〇万斤は江戸にて消費され、残り一〇〇万斤は日本国中の入用と述べている。江戸入用一五〇万斤の内、四〇〇・五〇〇斤（数字はママ）は菓子屋入用、あとは下賤の者の食料や小児のなめ物になったと記している。下賤の者の食料というのは料理に使われたのであろう。

河豚

ふぐ

「だまされてくわずぎらいがふぐをほめ」。俳聖・松尾芭蕉の句である。中毒を恐れて河豚を食べなかった者に、正体を伏せて食べさせたところ、おいしさをほめたという話を詠んだものだ。当時、毒のある河豚は下魚と見なされ、もっぱら庶民が口にする魚だった。芭蕉は、伊勢・津藩主藤堂家の一族に台所用人として仕えており、河豚の毒の恐ろしさを十分に知っていた。そこで「河豚汁や鯛もあるのに無分別」という河豚を避ける句も詠んでいる。

河豚の毒、テトロドトキシンは青酸カリの一〇倍の毒性を持つといわれ、中でも卵巣と肝臓に多く含まれる。かつては血液中にも含まれると信じられており、調理の際には大量の水を使い洗い流した。

河豚を食べる習慣は、古くは古代中国に見られ、日本では縄文時代の遺跡から河豚の骨が出土している。当時、どのように河豚を調理したのか詳細は不明だが、内臓を取って煮たり焼いたりしていたようだ。河豚の名は、平安時代の本草書『本草和名』には**布久**とあり、平安時代の辞書『倭名類聚抄』には布久のほかに布久閉の名も記されている。これは河豚の腹がふくれて水上に浮かび上がった様が瓢（ひょうたん）に似ていることからきている。また西日本を中心に縁起担ぎで河豚にふく（福）の字を当てるのは、かつて布久と呼ばれていたことにも由来する。

河豚は淡泊ながら味わい深く、肉はしっかりとした歯応えで、刺身は薄く切って食べやすくする。河豚は鰒と書かれたが、江戸では**てっぽう**（鉄砲）の別名があった。これは当たれば死ぬということで「河豚は食いたし命は惜しし」などの言葉が当時の人々の心情を表している。江戸時代、河豚の売買や食用を禁止する法令が出されているが、尾張藩（愛知県）では河豚を獲って売りさばいた者、これを買い取って売りさばいた者、買って食べた者は押込五日、河豚を貰って食べた者は押込三日の罪であった。押込とは自宅に軟禁して外出を禁じることである。河豚の毒に当たったら、丸裸にして首まで土に埋める、烏賊の墨をのませるなどの俗説が行われているが、信じてはいけない。

江戸時代、河豚はどのようにして食べられたのか、いくつか紹介したい。皮に毒のない種類に限り皮はよく食べられたようで、乾燥させればいつまでも保存が利き、水で戻して汁物の実にした。料理書『料理物語』には、調理法として**汁**や**杉焼**、**田楽**、**干河豚**の名が見られ、汁の項に記されている「ひふぐのかわ」とは、先の河豚の皮である。薄め**河豚汁**は内臓と皮を取った河豚をよく洗い、鉢に入れてたっぷりの酒によく漬ける。の赤味噌の汁を煮立て、そこに河豚と酒を入れて煮る。**どぶ汁**は酒の代わりに酒粕のしぼり汁を使い、先に大根を入れ、煮えたところに河豚を入れた。そのほか飯専門料理書

『名飯部類（めいはんぶるい）』によれば**河豚雑炊**というものもあった。ただし「毒魚であるので、食べるべきではないが」との注釈付きである。

有毒でありながら盛んに食べられた河豚は、庶民と接触の多い下級武士の間にも広がっていったようで、幕末の思想家・吉田松陰（しょういん）は「河豚を食わざるの記」という文章を残しているが、これは武士の間でも河豚が食べられていた反証であろう。

河豚の図。『和漢三才図会』

餅

もち

日本人の生活や儀礼、風俗、年中行事などに欠かせない食品に**餅**がある。稲作とともに日本に伝わったと考えられている。文献では『日本書紀』『古事記』ほか、八世紀の『豊後国風土記（ぶんごのくにふどき）』や『正倉院古文書（しょうそういんこもんじょ）』にも登場する。炊いたり蒸したりした**糯米**（もちごめ）を臼（うす）と杵（きね）で搗（つ）いて粘りを持たせる食べ物だが、もっちりとした食感が日本人に好まれている。乾燥すれば固くなって保存も利き、加熱すると再び柔らかくなり、美味しく食べられる。似た食品に**粢**（しとぎ）があり、これは水によく浸して柔らかくした**生米**（なまごめ）を搗いて作る食品で、今でも神事で神様へのお供えとして使われるほか、食用にしている地域もある。筆者は秋田で粢を使った菓子を食べたことがある。

餅というと冬の食べ物というイメージが強いが、かつては一年を通して食べられた。味つけも多様で、その一つに醤油がある。醤油は江戸時代前期には高価な調味料で、使用が広まったのは、醤油の値段が下がった江戸中後期以降である。ほかにも海苔を巻けば**磯辺焼き**、黄粉（きなこ）をまぶせば香（こう）ばしい**安倍川餅**（あべかわもち）になる。餡で餅を包んだり餅の中に餡を入れれば**餡餅**である。変わったところでは砂糖のみをまぶすこともあり、室町時代の公家や武家に好まれ、彼らはこの砂糖餅で酒を飲んだ。また餅に大豆や小豆などを混ぜる作り方もあり、奈良時代には確認できる。

江戸時代においても餅は日常的に親しまれ、町を歩けばそこかしこに**汁粉餅**を売る店があり、庶民や参勤交代で江戸を訪れた武士たちも気軽に楽しんだ。餅の形状は西日本では**丸餅**、東日本は四角い**切り餅**が一般的で現在に続いている。

餅には米の霊が宿るとされ、神聖な食品として仏前や神前にも供えられた。ハレの食としてもよく使われ、年中行事とも深く結びついている。雛祭りの**菱餅**、端午には粳米の新粉で作った**柏餅**、旧暦十月の亥の日・亥の刻に食す**亥の子餅**など多数あるが、なんといっても正月の**鏡餅**や**雑煮**の餅が代表的なものだろう。鏡餅は床の間や井戸、台所、商店であれば店頭など、家々の大切な場所へ置いて歳神様に供える。現在では丸い餅を重ねるのが一般的だが、丸餅の上に菱餅を置く場合もある。また平たく丸い形は、古来から神聖視された「鏡」の形からきていて、名前の由来もそこにあるという説もある。鏡餅は正月十一日の鏡割りで小さく割られて汁粉などにして食べられる。ちなみに鏡割りでは刃物を嫌い、槌などで砕かれる。江戸時代の武家では鎧甲を入れた箱の上に鏡餅を据えて新年を祝い、これを**具足餅**といった。

正月の餅をもう一つ、江戸時代の宮中や公家社会を中心に食べられた菱葩がそれである。丸い大きな餅の真ん中に小豆の渋で赤く染めた菱餅、その上には、白味噌と軟らかく煮た袱紗牛蒡を置いて二つに折り曲げるのである。牛蒡は鮎を塩漬けにした押鮎の見立てで、菱葩は長寿を願う歯固に由来する。江戸時代初期の「後水尾院当時年中行事」によれば、宮中では元旦から十四日まで、七日を除いて毎日食べられた。七日は七種粥に代えられた。菱葩は包雑煮と呼ばれていたが、現在の皇室にもその伝統は続いているという。また、明治後は花びら餅として、正月を彩る和菓子となっている。

江戸の年の瀬はすす払いなど正月の準備に忙しく、正月用の餅も年末の内に用意する。餅はそれぞれの家々で搗くが長屋住まいの者は餅屋などから購入する場合が多かったようだ。なかには賃餅といって料金を払って餅を搗いてもらうこともあった。地域によっては近年まで行われており、米屋や菓子屋などが引き受けていた。お金で搗き賃を支払う場合と持ち込んだ糯米の中から搗き賃を払う場合があり、たとえば一升の米の場合、三合を賃料として支払い、七合分の餅を搗いてもらう。ほかにも「ひきずり」と呼ばれる賃餅屋は、数人で臼や杵、釜を持ち歩き、依頼主の家の前に竈を据え糯米を蒸かす。かけ声とともに威勢よく餅を搗く、まさに正月を迎えるにふさわしい目出度い演出だ。彼らのことを引摺餅と呼んだ。

四谷、路上で餅を搗く引摺餅。『江戸名所図会』

鰤
ぶり

「空に雷 太鼓をたたきゃ 山は霰(あられ)に海は鰤」とは氷見(ひみ)地方（富山県）で唄われる民謡の一節だが、冬の訪れとともに富山湾では**寒鰤**漁が始まる。鰤は日本列島とその周辺に生息する沿岸魚である。大晦日、年越しの食膳に載せられる**年取(とし)り魚(と)**は、東日本では鮭が主だが、西日本では鰤が圧倒的に多い。

鰤は成長とともに名を変える出世魚である。地方によって呼び名も変わり、全国で五〇ほどの呼び名がある。関東では**ワカシ・ワカナゴ**（一〇〜二〇センチ）、**イナダ**（三〇〜四〇センチ）、**ワラサ**（五〇〜六〇センチ）、**ブリ**（八〇センチ以上）と呼び、関西ではワカシを**ツバス**、イナダを**ハマチ**、ワラサを**メジロ**と呼ぶ。太平洋側では新暦の二月から五月にかけて九州沖から相模(さがみ)湾へ餌を求めて北上し、初夏から初秋に房総沖から北海道へ、秋から冬にかけて再び南下する。日本海側では九州北部の沖から北上して積丹(しゃこたん)半島（北海道）に至り、秋以降は逆の経路をたどる。十一月から十二月頃の寒鰤は脂が乗って非常においしく、特に越中（富山県）富山湾のものがよいとされる。当地を領した前田利家は、文禄四（一五九五）年に氷見の鰤十七本を塩鰤にして、歳暮(せいぼ)用として京都に届けるよう命じている。残念ながら鰤の贈り先は不明だが、豊臣秀吉などへ贈られたのであろうか。

江戸時代、信濃（長野県）や飛騨・美濃（岐阜県）のような海のない地方でも鰤を年取り魚としていた。これら地方へは塩物が送られたが経路はいくつかあり、越後（新潟県）の糸魚川から千国街道で松本（長野県）に至る経路や富山湾の東岩瀬から飛騨街道を通って飛騨高山に至り、信濃、美濃の各地に鰤を運ぶ経路があった。これら鰤が運ばれた道を**鰤街道**と呼んでいる。飛騨高山では旧暦十二月十九日に鰤市が催され、信州商人が鰤を買いつけに訪れる。この時から呼び名が**越中鰤**から**飛騨鰤**に変わる。飛騨から信濃へは歩荷と呼ばれる人々が背負子で鰤を背負い、運んだ。積雪が多いため、比較的標高の低い野麦峠から松本への経路が主だったが、それでも標高は一六七二メートルに達する。これだけの労力をかけてでも人々は鰤を求めたが、労力は鰤の価格にはね返った。そのため鰤を年取り魚に出来る家は裕福な家に限られ、この状況は流通事情が改善される第二次大戦後まで続いた。

鰤は捨てる所のない魚といわれ、調理法も**塩焼き**、**照り焼き**、**粕汁**や**鰤大根**など多彩だ。金沢の正月料理**かぶらずし**はなれ鮨の一種である。鰤と輪切りにしたかぶら（蕪）を一週間ほど塩漬けし、別に用意した麴と飯を混ぜておく。かぶらには切れ目を入れて、そこに鰤を挟み、昆布を敷いた樽に並べて麴と飯をのせる。それを繰り返し、最後に昆布をのせて蓋の上に重石をするという。また江戸時代、日本を訪れた朝鮮通信使へ饗された料理の中に**鰤の船場煮**（せんばに）がある。鰤と大根などの野菜を一緒に煮込んだ塩味の煮物で、食生活のつましい大坂の船場商人が用いたことに語源があるともいう。鰤焼は、塩鰤の切り身を鍋に入れ、酒を差し入れながら焼く調理法ですり生姜や山葵（わさび）で食べた。なお鮭などの他の魚を同様に焼くときも鰤焼と呼んだ（『料理集』）。

鰤の追い網漁。『日本山海名産図会』

鯨

くじら

「江戸中で五六匹喰う十三日」。江戸では年末の大掃除にあたる煤払いを師走の十三日に行った。そして、この煤払い後に決まって振る舞われたのが鯨汁だ。冒頭の句は、十二月十三日の煤払い後、江戸市中で五、六匹（頭）もの鯨が食べられると詠んでいる。鯨汁は、塩漬けの肉を塩抜きして、すまし汁か味噌汁仕立てで食べる。牛蒡や大根、筍、茗荷などと一緒に煮た栄養たっぷりの鯨汁は、寒中の煤払いで疲れた体を芯から温めてくれる。

幕末の江戸では、鯨汁は一杯十六文（三二〇円）で売られ、多くの庶民が賞味していた。しかし、江戸の庶民が気軽に鯨を口に出来るようになったのは、早くとも文化、文政年間（一八〇四～三〇年）のことで、そこには捕鯨術の進歩が影響している。

鯨獲り自体は古くから行われており、起源は縄文時代に遡るとも言われている。しかし、この頃は湾に迷い込んだり、浜に打ち上げられたりした、いわゆる寄せ鯨が主であった。延宝三（一六七五）年頃、鯨を網に追い込んでから銛で突く、網獲り式捕鯨が紀州・太地（和歌山県太地町）から各地に広まっていった。すると獲れる鯨の種類も、それまでの背美鯨と抹香鯨に、座頭鯨や長須鯨が加わった。

それまで鯨獲りが盛んな地域は、松前（北海道）や伊勢（三重県）、紀伊（和歌山県）、肥前（佐賀県・長崎県）に限られていた。しかし網獲り式捕鯨の伝播などもあって全国各地に広がり、江戸に近いところでは、房総（千葉県）でも盛んに行われた（『毛吹草』）。現在でも鯨肉を醤油ベースのタレに漬けて干肉にした**鯨のたれ**が房総名物で、火で炙って食べれば独特の風味を味わえる。筆者の父が現在の南房総市出身で、私にとって子供の頃から慣れ親しんだ味わいである。若いころ登山に行った折、天幕の中で、その慣れ親しんだ味をコンロで炙った所、山仲間のひんしゅくを買った。彼らには相当にきつい匂いだったのであろう。ちなみに先の寄せ鯨は、江戸の町にも現れている。寛政一〇（一七九八）年五月に品川の浜に鯨があがり、夥しい見物人が訪れたという（『高津伊七日記』）。はたして鯨は食べられたのであろうか。この鯨は体長九間一尺（約十七メートル）高さ六尺八寸（約二メートル）の大きさで、一一代将軍徳川家斉も浜御殿（現浜離宮、港区）で見物している。鯨は品川の漁師によって捕獲された。その骨を埋めた供養碑（鯨塚）には「江戸に鳴る冥加やたかしなつ鯨（谷素外）」の句が刻まれている。

鯨肉は塩漬けにすれば保存が効き、江戸や京、大坂などの都市へも送られた。これら鯨肉は、公家や武家、大商人など上層の人々が食べていたが、江戸時代後期以降、鯨の捕獲数が増えたことにより、庶民も楽しめるものになった。

鯨の料理法は数多く、汁物や和え物、煮物、焼き物、蒸し物、揚げ物のほか、雑炊や刺身もあった。刺身は薄く切った肉を煮え湯で湯がき、酒に醤油、酢、鰹節、焼き塩などを入れて煮つめた煎り酒につけて食べた。鯨料理専門書『鯨肉調味方』には**鋤焼**の名も見える。使い込まれて、表面がなめらかになった古い鋤や鉄器を強火で熱して肉を焼く、いわば鯨のステーキで生醤油や味噌と酒を和えて食べる。

変わったところでは**鯨の蕎麦切り**がある。鯨肉の黒皮を取り去り、白い部分を蕎麦のように細長く切って煮る。奉書紙で油を三回ほど取ってから湯で洗って、蕎麦切りのようにした。まさに珍味である（『料理珍味集』）。

鯨の内臓も捕鯨地を中心に食べられており、**百尋**と呼ばれる小腸をよく洗浄したものを湯で煮て、輪切りにして食べた。そのほか油は灯油やイナゴ除けの農薬、抹香鯨の歯は入れ歯と、まさに捨てるところがなく「一頭鯨が獲れれば七里が潤う」と言われていた。こうした鯨への感謝の気持を込め、各地に鯨の墓や供養塔が建てられている。

潮を吹く鯨。『日本山海名物図会』

小松菜

こまつな

江戸が抱える一〇〇万の人々の胃袋を満たすため、江戸近郊ではいろいろな野菜が作られ、その中には名産野菜となるものもあった。練馬大根や谷中生姜などが代表的だが、**小松菜**もその一つである。**冬菜**ともいわれ、名前の通り耐寒性が強く、霜（しも）を数回経（へ）ると葉が柔らかくなっておいしくなるといわれている。ちなみに鶯（うぐいす）の鳴く頃に採れる晩生（おくて）のものには**うぐいす菜**の名がつく。ビタミンA、C、鉄分、カルシウムが豊富に含まれており、野菜の少ない冬にはありがたい葉物野菜である。現在では学校給食用の野菜として重宝されている。この小松菜、元々は蕪（かぶ）を葉菜用に改良したものといわれている。

江戸料理を番付にした『為御菜（おさいのため）』の精進方前頭七枚目に**小松なひたしもの**とあり、小松菜のお浸しが載せられている。また**わかなじる**という名も載っているが、これは小松菜の若菜、摘（つま）み菜の汁物である。アクの少ない小松菜はお浸しや和え物、味噌汁の実、漬物に適していた。また、江戸の**雑煮**はごたごたした具は入れず、すまし仕立ての汁に焼いた切り餅、鶏肉に小松菜かみつばを添えたシンプルなもので、いかにもさっぱり好みの江戸っ子ふうである。ちなみに筆者の父は関東、母は九州出身だったので、正月中は両方の雑煮を楽しむことができた。

　これまた『江都自慢』という番付に「小松川のな」という言葉が見える。これは単に小松川で採れた菜という意味であろう。小松川とは武蔵国葛飾郡小松川村（東京都江戸川区）のことで、東西に分かれ二ヶ村あった。『本草図譜』の冬菜を記した項目に「江戸小松川産、味わいよし」とあり、小松川の菜がうまいと記している。このような記述は他の書にも見られ、小松川で多く作られ、味もよいところから小松菜と呼ばれるようになったのであろう。

　『江戸川区史』等、現存の資料には小松菜の名付け親は、八代将軍・徳川吉宗であると書かれている。五代将軍・綱吉の生類憐令によって禁止されていた鷹狩りを復活させた吉宗は、自身も鷹狩りを好み、将軍在職中（一七一六～四五）に江戸の東郊に広がる葛西領（江戸川・墨田・葛飾・江東区周辺）の将軍家鷹場だけでも七〇回以上を訪れている。吉宗が鷹狩りで同地を訪れた時、地元の民が青菜を食膳に供した。すると吉宗は大変気に入って名を尋ねたところ「名はない」というので、小松川の里の菜ということから「小松菜」という名を与えたのだという。この逸話は、享保四（一七一九）年に西小松川村の香取神社（江戸川区中央）で休息したときの逸話であると、同神社の宮司家に伝承として残されている。同神社には「小松菜ゆかりの里」「小松菜産土神」の石碑や「こまつなさま」の石像もある。

小松川近辺では多くの農産物を江戸に供給していたが、これを容易にしたのが舟運（しゅううん）である。隅田川から中川まで東に延びる小名木川（おなぎがわ）は、行徳の塩を江戸に運ぶために開鑿（かいさく）されたが、この川を使った往路でたくさんの野菜類を江戸へ運び、復路で肥料となる下肥（しもごえ）を積んで戻ることが出来た。この地の利と地味のよさを活かして小松川近辺の野菜作りは発展し、その中心的存在だった小松菜も各地で作られるようになった。

海苔

のり

「蕎麦切りに海苔さらさらと押もんで」。蒸籠(せいろ)にもった蕎麦に小さくもんだ**海苔**をさらさらかけ、猪口(ちょこ)のつけ汁で食べると、海苔の風味が蕎麦の味を引き立てる。ここで言う海苔は四角い乾燥海苔(板海苔)だが、乾燥海苔の歴史はさほど古くなく、江戸時代に完成しており、幕末に訪日した外国人は「日本人は黒い紙を食べる」と驚いている。乾燥海苔以前は生(なま)や海藻を広げ、そのまま干した。

風味豊かで、単体でもおいしい海苔だが、他の食材と合わせて食べることが多い。まず最初に思い浮かぶのは**握り飯**や**海苔巻き鮨**だろう。海苔と飯との相性は抜群である。江戸時代の料理書『料理早指南』には、**浅草海苔**を焙(あぶ)って細かくもんで飯に混ぜ、醤油を少し入れたすまし汁をかけて食べる**海苔飯**(**紫菜飯**(むらさきのりめし))の記述がある。薬味には葱、陳皮(ちんぴ)、芥子(けし)、辛子を用いる。手軽ながら十分楽しめそうなご飯ものである。

飯と海苔といえば、旅館の朝食には焼き海苔がつきものであるが、これも飯と海苔の相性の良さを示している。筆者の朝の食卓にも焼き海苔や海苔の佃煮が良く載せられる。この文章を書いていて思い出したのは、かつて亡母が古くなった海苔で佃煮を作ってくれたことである。あの甘い佃煮の味が懐かしい。

海苔の歴史は古く、奈良時代、調（穀物以外の現物で納める税）として納められていた。様々な海藻が用いられていた海苔だが、徐々にアマノリが主流になり、東国では常陸（茨城県）や伊豆（静岡県）ほかで採れた。鎌倉時代の僧・日蓮は信者から送られたアマノリを味わって、故郷安房（千葉県）と両親を偲んだ手紙を残している。日蓮にとってアマノリは懐かしい味だったのである。また淡水のカワノリも重宝されており、**日光海苔**（栃木県）、**富士海苔**（静岡県）、**菊池海苔**（熊本県）などが知られる。

時代が下るとともに海苔の産地も増え、地名を冠したものが生まれていった。その代表格が浅草海苔であろう。江戸時代初期の俳諧書『毛吹草』には下総の産物として**葛西海苔**が挙げられており、「別名を浅草海苔と言う」と記されている。名前の由来は「浅草が隅田川河口に位置し、海苔が採れた」、「江戸でも繁華な町であった浅草で売られた」など、諸説ある。江戸時代初期、おそらく浅草周辺で海苔は作られていたのであろう。浅草の海苔屋の由緒書きにも「葛西・中川の海辺で蛎殻や流木についた海苔を掻き取って、浅草で干した」と書かれている。つまり、浅草は海苔の干し場であったというのである。ただし由緒書きの記述からわかるように、江戸時代初期には海苔の養殖はまだ始まっておらず、元禄から享保年間の初頭（一六八八～一七一六年頃）に始まったといわれる。ヒビ建式といわれる養殖方法で、遠浅の海でヒビといわれる木の枝をびっしり立てると、海苔がよくついた。海苔の養殖は品川浦（品川区）で盛んに行われ、当地の重要な産業として発展したが、この海苔も浅草海苔の名で売られていた。浅草海苔のブランドが無視できない存在だったかを示している。海苔の産地は、品川浦から大森浦（大田区）へと広がり、第二次世界大戦後まで続いていたが、東京湾の埋め立てや地域の開発が進み昭和三十八（一九六三）年春に大田区などの養殖は幕を閉じ、今となっては大森の海苔屋の看板が昔を偲ばせる。ちなみに同区には大森海苔のふるさと館という博物館がある。

浅草海苔は軽く、それなりの高級感もあり遠方への土産に最適である。二例ほど紹介したい。京都東山の妙法院は、皇族が門跡（住職）になる天台宗の名刹である。安永十（一七八一）年三月二日、無量光院の住職が江戸から戻った挨拶に訪れた際に持参したのは、饅頭一〇〇個と江戸土産の絵蠟燭、そして浅草海苔五〇枚であった。翌日には、江戸の金剛院の僧が上京の挨拶として、浅草海苔一〇〇枚を門跡に献上している（『妙法院日次記』）。もう一例は、紀州和歌山藩の酒井伴四郎である。彼は文久元（一八六一）年江戸での役目を終えて故郷に帰るに際して、同僚などから海苔を餞別として贈られている。一緒に真綿と猪口を貰っているが、どれも軽いもので、徒歩での旅への負担を考えてのことである。ちなみに他からも餞別として猪口を貰っているので、当時、猪口が餞別として使われていたようである。いずれにしても門跡から下級武士まで、海苔が江戸の土産として珍重されていたことがうかがえる。

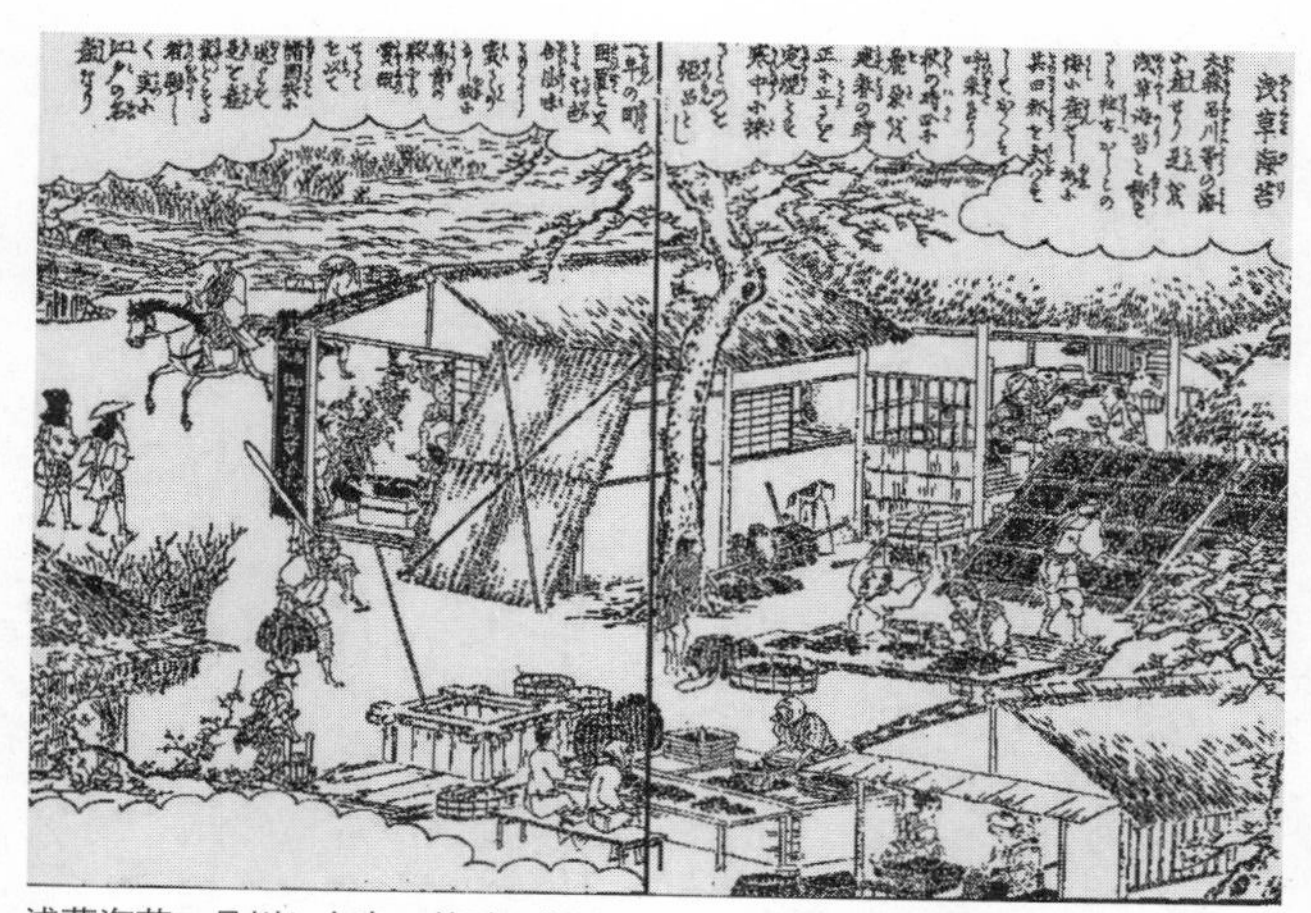

浅草海苔。品川と大森で養殖・製造された。『江戸名所図会』

酒

さけ

「からしするそばへ剣菱持て来る」。初鰹を食べるために辛子をすっているところに、名酒**剣菱**を持っていくという川柳である。江戸時代、鰹の刺身は辛子で食べたが、それに合う酒が辛口の剣菱というわけである。「すき腹に 剣菱えぐる ようにきき」という句も剣菱の強い味わいをよく表していよう。現在、剣菱といえば神戸は灘の酒として有名であるが、それは近代以降のことで、もともとは摂津の伊丹（兵庫県伊丹市）で作られた酒であった。

日本酒の歴史を調べると、一五〇〇年代中頃の奈良で、酒米や麹の双方に白米を使う**諸白**が行なわれ、酒造りの技術が革命的に進歩した。これらは興福寺などの寺院で作られたので、**僧房酒**と呼ばれた。その技術が摂津の池田（大阪府池田市）へ渡り、次いで伊丹でも酒造りが盛んになった。先の剣菱は伊丹酒の中でも別格な存在であった。この伊丹が江戸時代前半における酒造りの中心地であったが、天保十（一八三九）年頃から灘が優位になる。六甲山系の水流を使い水車による精白度の高い米を使い冬に仕込む**寒造り**で、雑味が少なく純度の高い酒が造られるようになった。**灘の生一本**の誕生である。

上方から江戸へもたらされる酒のことを**下り酒**と呼んだが、江戸で上等な酒といえば、この下り酒のことであった。江戸への流入量は江戸時代後期で年間一〇〇万樽にもおよび、西宮や大坂から樽廻船(たるかいせん)で運ばれた。江戸に到着した酒は、沖合で小舟に積み替えられ、新川（中央区）に立ち並ぶ酒蔵へ入れられた。毎年、新酒が出来ると、江戸まで新酒を運ぶレースである新酒番船が催され、江戸の風物詩になった。

もちろん江戸にも、隅田川の水で作った山屋の**隅田川諸白**、四方酒店(よもさかてん)の**瀧水**(たきすい)などもあったが、下り酒に比べると影が薄い。江戸の酒屋では樽から大きめな徳利(とっくり)（貧乏徳利）に酒を入れて売られた。そのうち、店で酒を呑ませる酒屋も現れ、**居酒**(いざけ)と呼ばれるようになり、十八世紀中頃には煮物などの肴も提供する**居酒屋**が生まれた。居酒屋の種類も多く里芋を主に提供する**芋酒屋**などというのもあった。居酒屋では大蛸や魚などを店先に吊るして客を呼び込んだ。江戸では実に多くの居酒屋が営業し、庶民にかぎらず武士も利用しており、江戸は呑みだおれの町であった。

江戸時代には複数の酒をブレンドしたり、水で割ったりして売ることもあった。酒を題材にした戯画(ぎが)『太平喜餅酒多多買(たいへいきもちさけたたかい)』（歌川広重）では、伊丹の**男山**という銘柄に「一本木割無(いっぽんぎわりなし)」という名前をつけている。これは**一本気**で生一本、水では割っていないという意味である。

冷やで呑む**濁り酒**に対して、**清酒**は燗(かん)をして呑む。江戸時代前期は料理用の鍋で燗をしていたが、後に専用の燗鍋が生まれ、柄(え)のついた急須状(きゅうすじょう)の**銚子**(ちょうし)に移して呑んだ。中期以降には**チロリ**と呼ばれる取っ手のついた金属製の容器で燗をするようになり、居酒屋ではチロリから直接、猪口に入れて酒を呑んでいる。現在でもおでん鍋に直接チロリを入れて、湯煎する店をたまに見ることがある。幕末には現在と同じ陶器製の**燗徳利**が誕生している（「はじめに」参照）。

『守貞謾稿』には銅鉄器を使わないので、酒が冷めず「美味」であると記されている。江戸では燗徳利が主流なのに対して、京や大坂ではいまだ料理屋などでも銚子を用いているが、遠からず燗徳利を「専用」するようになると予言しているが、まさにその通りであった。現在の居酒屋でも銚子と徳利が混同されているが、こうした歴史的な背景が原因であろう。

四方酒店の酒を扱う居酒屋の情景。チロリで酒を注いでいる。『職人尽絵詞』

蜜柑

みかん

「紀伊国屋 みかんのように 金をまき」。江戸時代の伝説的な豪商・紀伊国屋文左衛門は、幕府と深く結びついた御用商人で、同時代の豪商である奈良屋茂左衛門と吉原における豪遊を競いあったことで知られる。紀文と通称され、確実な史料が少なく存在を疑う声もあるが「実在の人物である」というのが定説である。

文左衛門は**蜜柑**の産地である紀伊国有田郡湯浅にて、寛文九（一六六九）年に生まれたと推定されている。和歌山県有田は古来から蜜柑の産地で、現在では有田市内に「みかん資料館」が開設されている。文左衛門といえば、悪天候の中、江戸まで蜜柑を船積みして送る一方、上方では稀少で高価な塩鮭を江戸で仕入れ、上方に運ぶことで大きな利益をあげたという象徴的な伝説がある。江戸の近くでも相模（神奈川県）や駿河（静岡県）など、蜜柑を産する土地はあった。しかし、江戸時代に「蜜柑」といえば紀州の蜜柑が珍重されたのである。『本朝食鑑』でも、紀州の蜜柑を第一としている。江戸時代、大名は将軍に領国の産物を献上しており、紀州和歌山藩では承応元（一六五二）年に五回も蜜柑を献上している。そのうちの一回は和歌山城内の庭園で採れた蜜柑であった（『厳有院殿御実紀』）。現在、蜜柑といえば**温州**

みかんが思い浮かぶ。しかし江戸時代、温州みかんは「種なし」で不吉だと敬遠され、九州にて生産・流通されるにとどまり、全国へ広まるのは近代以降のことである。

遠隔地に商品を運べば、価格差などで利幅が大きくなる。船による大量輸送ともなれば尚更だが、悪天候によって船便が途絶えることで商品の高騰を招くこともあった。冒頭の「みかんのように金をまく」というのは、こうした現象に合わせたものであろう。ただ、文左衛門の商売の主力は江戸で開いた材木商で、何かと賄賂を取りざたされた勘定奉行・荻原重秀らと結びついたことで、御用商人へと性格を変えて行く。政権担当者が新井白石らへ交代することで御用商人の地位を失い、晩年は俳諧などをたしなむ文化人として日々を過ごしたとされる。

蜜柑は生食されることが多いが、他の使い方も紹介したい。熟した蜜柑の皮と種、白皮を取って絞った汁に砂糖と酒を合わせ、五、六日間甕に入れておけば蜜柑酒が出来る。飲めば食が進んだという(『本朝食鑑』)。また、柑橘類は砂糖漬けされることが多い。鮓饅頭という菓子は、蜜柑の砂糖漬をすり潰したものを餡にした(『御前菓子図式』(一七六一))。

一口に蜜柑というものの、その歴史はわからないことが多く、種類の特定も難しい。ただ古代日本では、蜜柑は**菓子**であった。菓子は音読みで「かし」、訓読みで「くだもの」と読んで木の実をあらわし、元は**果子**と表記した。後に**あけび**等の草の実も加わることで草冠がつけられ、菓子となった。平安時代には、全国から**栗**や**梨**、**棗**、**覆盆子**など、多くの果物が朝廷に貢ぎ物としてもたらされた（『延喜式』「諸国貢進菓子」（九二七））。

蜜柑など柑橘類は、**花橘**が河内（大阪府）、摂津からもたらされ、蜜柑の一種である**柑子**が遠江（静岡県）、駿河、相模、因幡（鳥取県）から朝廷へ納められた。今も蜜柑の産地とされる地域が多いことが興味深い。

蜜柑を含む柑橘類は中国からもたらされているが、象徴的な伝説がある。『日本書紀』や『古事記』によれば、垂仁天皇から非時香菓を探すことを命じられた田道間守は、常世国（遠い外国）に行き、十年後に非時香菓を持ち帰ったが、すでに垂仁天皇は没しており、田道間守は泣き叫び、天皇の陵の脇で息絶えたという。現在でも垂仁天皇陵の傍らには、田道間守の陪塚が静かにひかえている。

非時香菓は橘の実とされており、古代の菓子に通じるところから、田道間守は菓祖神（菓子の神）として菓子業者の崇敬を集めている。ただ植物学者によれば、非時香実は橘ではなく**橙**という説もある。

紀州蜜柑の収穫。『日本山海名物図会』

寒天
かんてん

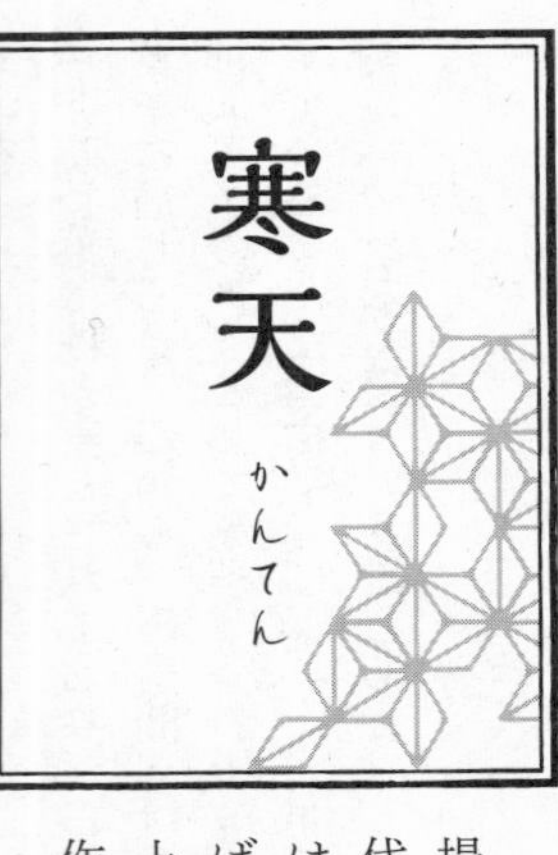

心太の歴史は古い。奈良時代の正倉院文書に登場するが「こころぶと」と読まれており、室町時代には、「こころてい」、それが訛って江戸時代には「ところてん」の読みが定着した。心太といえば夏の食べ物、江戸では酢醤油などで食べるが、上方では黒蜜をかけて食べている。この心太から作られるのが**寒天**である。

寒天は、天草やオゴノリなどの紅藻類を原材料として作られる。現在の製法は、乾燥した天草などを水で戻して柔らかくして洗浄してから、煮溶かす。それをろ過し、四角い容器に入れて固める。これがいわゆる心太である。この心太を真冬の屋外に並べると夜に凍結、昼に融解を繰り返し、二週間ほどで水分が抜けきって乾燥した寒天になる。四角い棒状の**角寒天**、天突き器で突き出した**糸寒天**（あるいは**細寒天**）の二種類があり、基本的な製法は今も江戸時代と変わらない。この寒天、実は日本で創製されたものである。

江戸時代前期、万治年間（一六五八〜六一）のある冬の日に、参勤交代で京都近郊の伏見（京都市伏見区）に薩摩藩・島津家の当主が泊まった。宿の主人・美濃屋太郎左衛門は心太料理を出し、残りを放置した。すると厳冬期だったので凍結と解凍を繰り返して、心太の干物が出来上がり、さらに製法を工夫して出来上がったのが寒天だという。宇治・万福寺の開山で黄檗宗（おうばくしゅう）の開祖である隠元禅師が、寒晒（かんざらし）にしたところてんから名付けたとされる。

子孫の美濃屋長左衛門は、伏見で寒天作りを生業（せいぎょう）としたと伝えられる（『海藻譜（かいそうふ）』）。この伝説の真偽についてはさらに詳しい調査が必要であるが、江戸時代の地誌類では、伏見を寒天創製の地としている（『伏見鑑』（一七八〇））。たしかに江戸時代以降、近代にいたるまで京や大坂が寒天作りの中心地だった。現在では寒天の生産地は長野県諏訪や岐阜県恵那（えな）が有名だが、寒天問屋は今も大阪に多い。

日本生まれの寒天はどのように食べられたのであろう。最初は寒天を水で戻して**刺身**にして食べたようで、後に精進料理の材料として重宝された。そういえば隠元禅師の万福寺は精進料理の一種、**普茶料理**が有名である。また『合類日用料理抄』によれば、寒天を水で洗って細かに刻み、酒や酢味噌で食べるとあり、**汁物**にする場合は椀に寒天を入れてから、汁を掛けるとある（鍋に直接入れれば溶けてしまうとわざわざ注記している）。たしかに寒天は、常温（三五度以下）で固まるが、九〇度以上では溶解してしまう。

他の料理法といえば**酢の物**にして辛子酢味噌で食べたり、柚子（ゆず）と角寒天を小口に切り**吸物**にしたりもしている。江戸時代も中頃になると、寒天を煮溶かして、魚や野菜を固める**寄せ物**に利用された。代表的なものは**煮凝り**（にこごり）だが、やはり寒天といえば和菓子への利用である。例えば煉羊羹は、餡を煉って寒天で固めたものである。煉羊羹は寛政年間（一七八九～一八〇一）頃に江戸で生まれており、菓子職人の喜太郎あるいは紅谷志津磨が作ったという（『蜘蛛の糸巻』『嬉遊笑覧』）。しかし、近年では一七七〇年代まで遡れるという史料も確認されている（虎屋文庫『ようかん』）。なお煉羊羹の誕生は、寒天創製の時代から随分と経っているが、宝永四（一七〇七）年に書かれた京都の禁裏御用菓子屋・虎屋の史料にも、寒天を使った菓子の記録がある。それはクチナシで色を着けた砂糖液を寒天で固めたもので、菓子の名を氷室山という。この製法は、虎屋では琥珀製というが、ほかでは錦玉羹などという。これは寒天の和菓子への利用と煉羊羹の歴史を考える上で非常に興味深い。

路上で心太を食べる。『職人尽絵詞』

鰯

いわし

「鰯の頭も信心から」。鰯の頭のように、つまらない物でも信じる人にとっては尊いという俚諺(りげん)である。鰯は奈良時代の木簡(もっかん)に見られるほど古くから身近な魚であり、民俗行事にも多く登場する。たとえば節分に焼いた鰯を柊(ひいらぎ)の枝に刺し、戸口に掲げることも全国的に行われており、平安時代の『土佐日記』にも記されている。これは柊の葉のとげが鬼の目を刺し、鰯の悪臭が鬼を追い払うと信じられていたことによる。

鰯には**真鰯**、**うるめ鰯**、**片口鰯**などの種類があり、真鰯の旬は夏から秋で、冬に脂がのる。真鰯は漁獲量の多さや脂の強さから下魚(げざかな)扱いながらもよく食べられ、庶民の強い味方であった。幕末の江戸で単身赴任生活を送った酒井伴四郎は万延元（一八六〇）年十一月から文久元（一八六一）年十月までの一年間で魚を一四九回買っているが、鰯は四二回で堂々の第一位、一八回で第二位の鮭を大きく引き離している。値段は計七百十八文で一回あたり約十七文（三四〇円）と安く、鰯の量も多かったのであろう。

伴四郎は鰯をどのように料理したのであろう。成長した鰯は二〇センチほどにもなり食べがいもある。一般的には塩焼きであろうが、煮物もおいしい。身を擂(す)って作るつみれは、単身者にはちょっと面倒かも知れない。生魚のほか、江戸では鰯の塩蔵品も好まれ、その代表が**目刺し**である。真鰯や片口鰯を塩水に浸して、竹串や藁を目に通してから干して作り、水分の多い**生干し**と、よく乾かしたものがある。目刺しの歴史は古く、室町時代の文献にも登場する。最近は減ったが、かつては朝夕に目刺しを焼く煙や香りが近所から漂ってきたものだ。ほかにうるめ鰯を塩干し物にした**丸干し**や片口鰯の稚魚で作った**たたみ鰯**を炙れば酒の肴に最適である。真鰯の稚魚の加工品では、煮た稚魚を生干しにした**しらす干し**、よく乾かした**ちりめんじゃこ**もうまい。天保十（一八三九）年頃に出版された「日用倹約料理仕方角力番付（にちようけんやくりょうりしかたすもうばんづけ）」は安上がりな料理や食材を相撲の番付になぞらえたものだが、最高位の大関に「めざしいわし」、前頭に「たたみいわし」「いわししほやき（塩焼）」が登場しており、そのほか「いわしつミいれ」などの料理も記されている。

では、江戸時代の料理書から鰯料理をいくつか紹介しよう。まずは**釈迦汁（しゃかじる）**、ありがたい名前の汁物である。薄塩にした鰯のわたや頭を取って洗い、大根や生姜を入れて出汁で仕立てる（『料理物語』）。生姜が鰯の臭みを消してさっぱりとした味になる。カピタンは外国人船長や長崎・出島のオランダ商館長を指す言葉であるが、鰯の**かぴたん漬**という料理があった。頭、わたを取った鰯を白焼きにして胡麻油で揚げる。切った葱はさっと湯がいて、椎茸（しいたけ）の細切り、木くらげ、唐辛子などと鰯を一緒に三杯酢や二杯酢に漬ける。日保（ひも）ちもするが、特に朝に漬けて昼に食べれば格別である（『素人庖丁（しろうとぼうちょう）初編』（一八

○三))。名前の由来について食文化研究者の松下幸子氏は、油で揚げるところが異国風であったからとしている。頭と内臓を取ってよく洗った鰯を、炊きあがる前の飯に頭を下に差し入れてよく蒸す。炊きあがった所で鰯を尾から引き抜けば、骨はことごとく取れる。飯を上から下へ良くかき混ぜ、器に盛ってすまし汁をかけ、葱のみじん切り、浅草海苔、唐辛子と言った薬味をかけて食べる(『料理伊呂波庖丁巻一』)。

広く親しまれてきた鰯は日本の歴史にとって大きな働きをしている。鰯から魚油(ぎょゆ)を絞った後は、〆粕(しめかす)として肥料にされた。また油を取った鰯を干した干鰯(ほしか)も肥料として重要な働きをしている。これらは購入する肥料ということで金肥(きんぴ)と呼ばれ、江戸時代、日本の農業生産力を飛躍的に向上させた。特に木綿(もめん)生産の全国普及に大きな役割を果たし、江戸時代の産業経済に寄与した。

網で鰯を獲る。『日本山海名物図会』

山葵

わさび

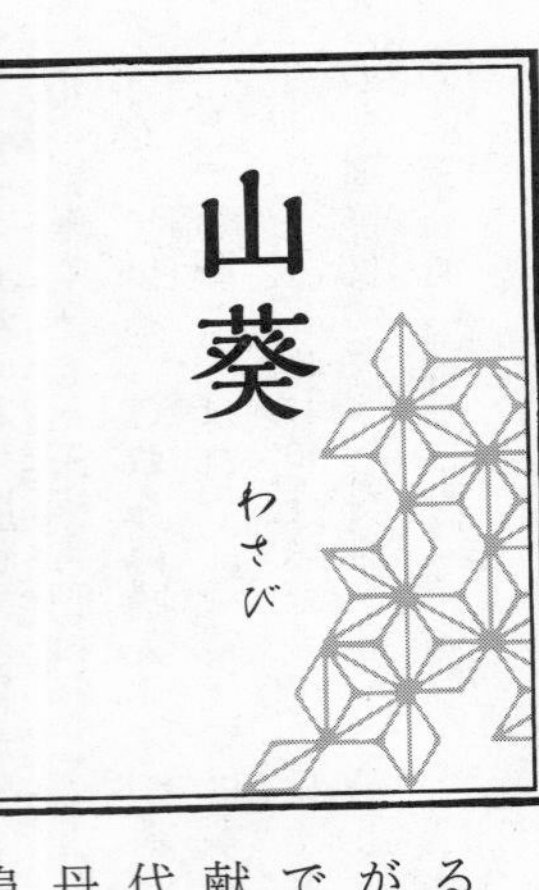

山葵の利いた鮨を食べると辛さが鼻にツンとくる。これは擂りおろした山葵が空気に触れ、酵素が働いて辛くなるからで、生の山葵は、そのままでは苦い。山葵は奈良時代の木簡や平安時代の文献にも登場し、古くから利用されていた。平安時代の『延喜式』によれば、山葵は若狭（福井県）、丹後（京都府）、但馬（兵庫県）、因幡、飛騨（岐阜県）などから朝廷へ献納されていたが、これらは自生しているものを採集していた。

山葵の栽培が本格化するのは、需要が高まった江戸時代のことである。関東の周辺では、伊豆の天城山の山葵が有名であるが、これは板垣勘四郎という人が、明和年間（一七六四～七二）に駿河国の有東木（静岡市）から栽培法をもたらし、試作して成功を収めたものである（『増訂豆州志稿』）。山葵は年間を通して、水温八～一八度くらいの清流を好むことから、人里離れた山中で栽培された。江戸の近くでは奥多摩の山葵が名高い。

鎌倉時代には、おろした山葵を寒汁（冷汁）の添え物にしている。現在でも蕎麦に山葵おろしを添えることが多いが、江戸時代の料理書などでは、蕎麦の薬味にはまず山葵をあげている。また、古酒に鰹節、梅干、溜を少し入れ、煮詰めて漉した煎酒に、おろした山葵を入れて刺身につけて食べるとおいしい（『和漢三才図会』）。醤油が一般化すると、醤油に山葵を入れるなどして刺身を食べた。山葵を使った調味料としては、摺りおろした山葵を酢にまぜて塩を入れた**山葵酢**があり、雁や鴨の肉や内臓を酢につけた後で酢を捨て、蚫や平貝、鯛などを加えて山葵酢で和えれば**山葵和え**となる。『料理秘伝記』には「酒の肴に良し」とある。

山葵の根を一寸（約三センチ）ほどに細く白髪切りにして、水に浸けておき、熱した鰹出汁と薄口醤油に先の山葵を入れ、この汁物に摺った山葵を添えて香気を加えると**山葵の吸物**となる（『料理珍味集』）。漬物製法書『四季漬物塩嘉言』によれば、山葵を短冊に切って塩で押し、翌日、水をきって粕に漬けたものを壺に入れて、蓋に目貼りをしてしばらくすれば**山葵の粕漬**が出来る。現在の山葵漬けより山葵が大きい。山葵漬け好きの私としては、是非食べてみたい。

握り鮨が生まれたのは江戸時代も後期だが、文政年間（一八一八～三〇）頃には山葵を鮓に使うことが行われ、幕末の『守貞謾稿』では「刺身及ビコハダ等ニハ、飯ノ上肉ノ下ニ山葵ヲ入レ」とある。一説に握り鮓を考案したのは江戸両国の華屋与兵衛と言われ、彼が山葵を握り鮓に加えたとも言う。『武総両岸図抄』（一八五八）には、「與兵衛すしつける山葵の口薬 鉄砲巻の好むもののふ」と言う狂歌が載せられている。

なお江戸時代の山葵の意外な利用法として歯痛止めがある。歯が痛む時におろし山葵をぬればたちまちに効いたという（『飲膳摘要』『日養食鑑』）。『豆腐物語』に山葵味噌と言うものが記されている。味噌に油麻、胡桃をよく摺合わせておき、使う時に摺った山葵を入れるものである。

こうしてみると山葵は摺りおろして使われることが多く、室町時代頃の山葵おろしは陶器製であった。江戸時代の山葵おろしは銅製で、形は現在の大根のおろし金と同じである。表は棘が細かく、山葵や生姜、つくね芋などを摺った。裏は目が粗く大根を摺りおろした。現在はねり山葵や粉山葵が市販され、山葵を手軽に使うことが出来る。しかし、これらの主原料は西洋山葵で、畑で採れるので**畑山葵**あるいは**山葵大根**と呼ばれる。山中で採れる山葵とは別ものである。

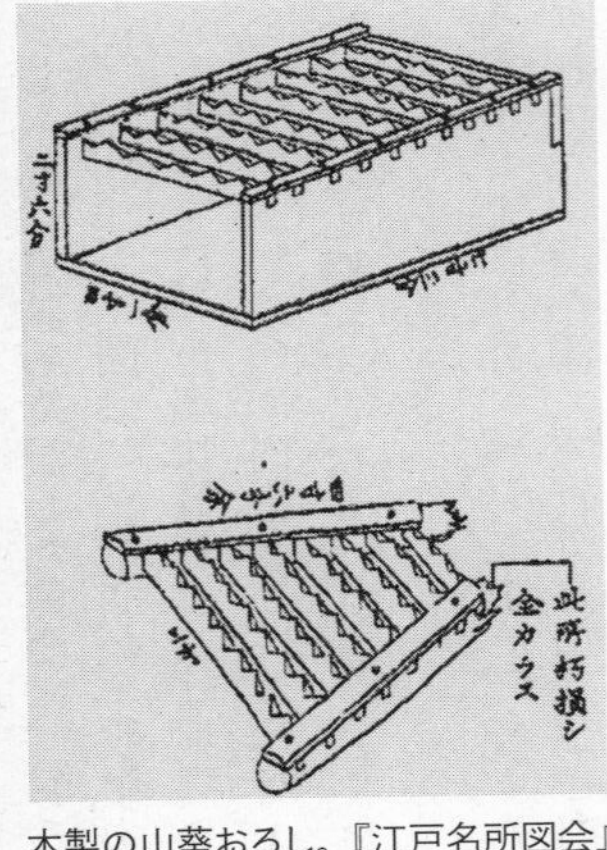

木製の山葵おろし。『江戸名所図会』

牛蒡

ごぼう

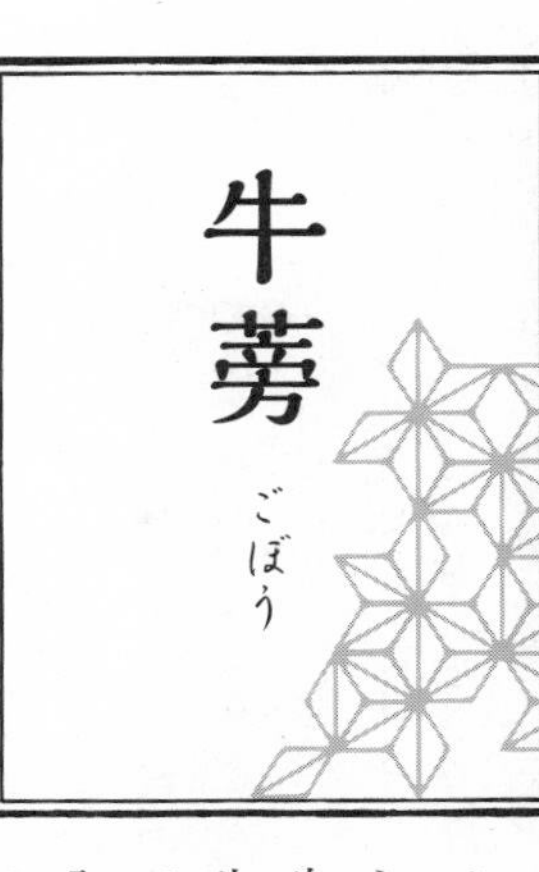

牛蒡の料理といえば、**きんぴら牛蒡**を思い浮かべる人は多い。あく抜きした牛蒡を油で炒めてから味付けしたものであるが、江戸時代のきんぴら牛蒡は油で炒めない。切った牛蒡を唐辛子入りの生醤油で煮てから日に干す。さらに唐辛子を刻んで酒に半日ほど漬けて辛くする。その酒を醤油に入れて先の牛蒡を煮れば、ピリ辛のきんぴら牛蒡の出来上がりだ（『黒白精味集（こくびゃくせいみしゅう）』）。きんぴら牛蒡という名前は新しく、一八〇〇年代の初期に登場する。芝居に登場する坂田金時（さかたのきんとき）の息子・金平（きんぴら）に由来する名で、以前は**伽羅（きやら）牛蒡**といった。いずれにしても脇役的な野菜である牛蒡が珍しく主役となっている。

この牛蒡、ヨーロッパから中国と広く分布するが、食用の野菜として栽培するのは日本だけで、中国などでは野生の牛蒡を薬用や救荒食物（きゅうこうしょくもつ）として使ったという。栽培が始まったのは平安時代後期から鎌倉時代初期であり、日蓮の書状ほか多くの史料に登場する。江戸時代になると名産地も増えて、多くの料理に使われるようになっている。

幕末の江戸を記した『江戸自慢』によれば、よい牛蒡は三尺（約九〇センチ）ほどの長さで真直に伸び、筍のように淡い味で太いものは稀とある。しかし『続江戸砂子（ぞくえどすなご）』によれば下総大浦（千葉県匝瑳市）の牛蒡の周りは一尺（約三〇センチ）ほどで大根よりも太く、輪切りにして平皿に盛れば器からはみ出すという。軟らかく非常に美味しいため「無類佳蔬（大変よい野菜だ）」と絶賛されている。他にも岩槻（埼玉県）や土浦（茨城県）、京都では鞍馬の**八幡牛蒡**や**堀川牛蒡**が知られ、ほか産地は多い。

軟らかく煮た牛蒡をすりこ木で叩いて切り、甘酢に漬けたり、出汁などで煮れば、味のよく染みた**叩き牛蒡**となる。「たゝき牛蒡は**数の子**の縁の下」と川柳にあるように、器に叩き牛蒡を敷いて数の子をのせるのだが、あくまでも主役は数の子である。

江戸では年末ともなると「いもいも、ごぼうごぼう」と呼び声を上げながら**里芋**と牛蒡を売り歩く。いずれも年末年始の料理に使われる。煤払い（大掃除）は年末の恒例行事、終われば**鯨汁**の振る舞いがある。鯨の脂肪の入った脂っぽい鯨汁に**笹掻牛蒡**はよく合う。笹のように薄く切る笹掻牛蒡は、**柳川**や**丸鍋**など**泥鰌鍋**にも欠かせない。牛蒡のさっぱりした味わいは、主役の泥鰌の味を引き立ててくれる。もう一つ泥鰌料理を紹介したい。よく洗った泥鰌にうどん粉をまぶして油で揚げる。油で揚げることで泥鰌のくせがなくなる。味噌汁に茄子を入れ、煮えたら先の泥鰌を加えて笹掻牛蒡をのせ、粉山椒を振りかければ**泥鰌汁**の出来上がりである（『黒白精味集』）。こうしてみると脇役とは言え、主役の食材を引き立てるだけでなく、それぞれの料理で牛蒡の味わいはなくてはならないものになっている。

現在でも宮中の正月料理として**菱葩**が作られる。丸餅に小豆で染めた菱餅を置き、白味噌を塗った上に軟らかく煮た牛蒡をのせる。牛蒡は塩漬けの鮎（押鮎）の見立てである（餅の項参照）。また茹でた牛蒡を叩いて擂り、砂糖と米粉を混ぜて丸めて茹で、油で揚げてから砂糖蜜をからめる、あるいは砂糖液に漬ければ**牛蒡餅**という菓子になる。

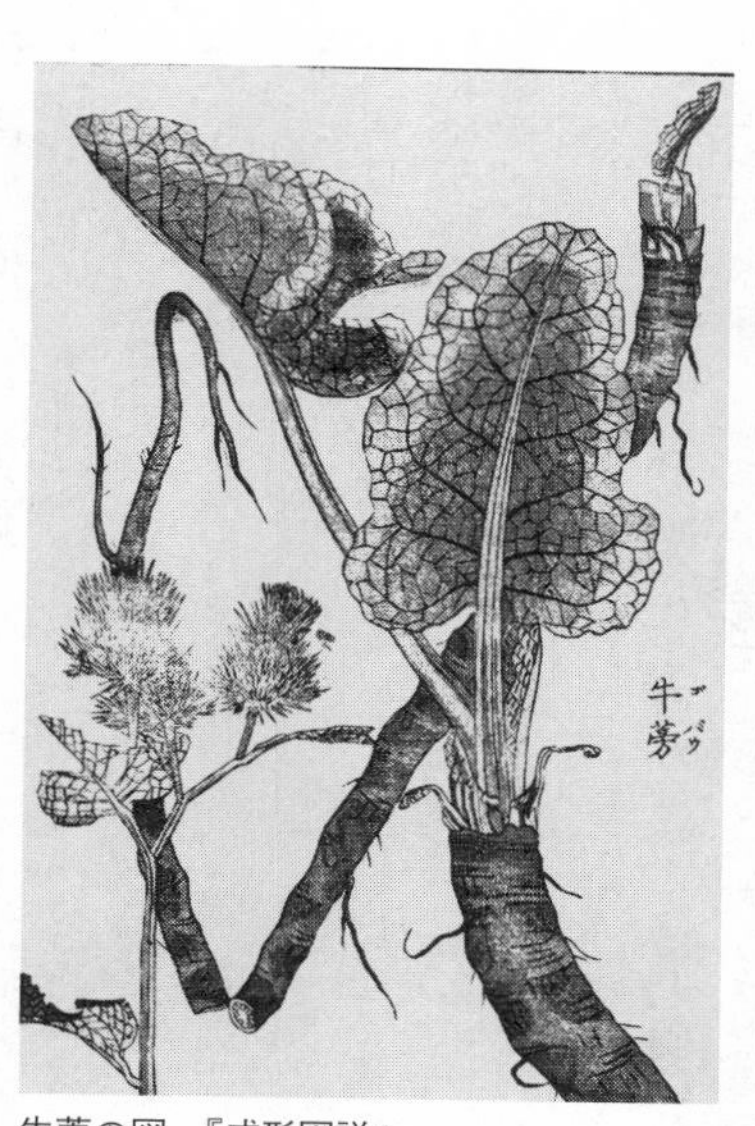

牛蒡の図。『成形図説』

鮟鱇

あんこう

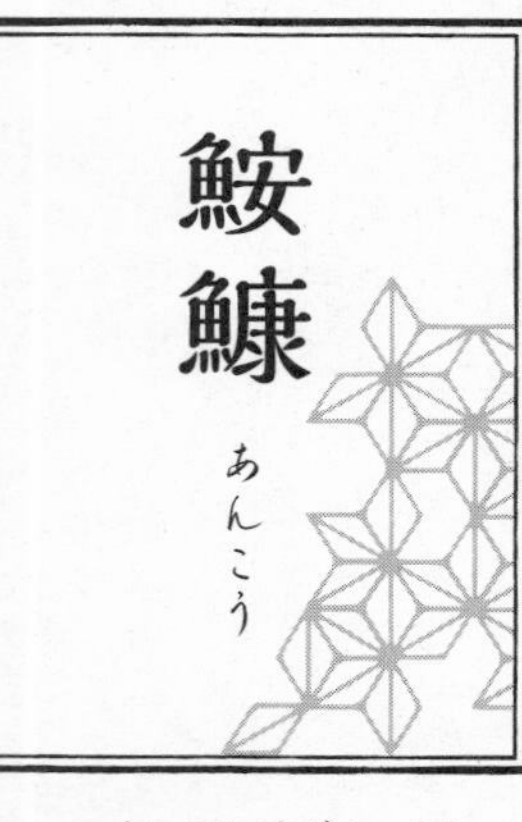

冬の味覚の一つに鮟鱇鍋がある。とはいっても、関東にくらべ西国の人々にはなじみが薄いようである。例えば『大和本草』（一七〇九）には「坂東に多し、西州には稀也」とあり、図説百科事典『和漢三才図会』（一七一二）にも「東海に皆多く有り、西海には少なし」と記している。東高西低の鮟鱇だが、東の海のなかでも相模（神奈川県）、伊豆（静岡県）、常陸（茨城県）で特に多く獲れるとされていた。現代でも鮟鱇といえば茨城県の大洗や水戸などが名高い。

江戸時代、鮟鱇の漁期は十月（新暦十一月）からで、特に寒中のものは味がよく、旧暦の霜月（十一月）ともなれば特においしくなるので、古く常陸の諺に「間男七両二分（七五万円）、霜月鮟鱇七十五両」がある。他人の女房を盗んだ間男の示談金は七両二分だが、霜月に食べる鮟鱇は七十五両（七五〇万円）だという意味である。大げさな表現だが、それほどにこの時期の鮟鱇は美味く珍重されていたことを示していよう。事実、水戸藩では毎年十一月に鮟鱇を将軍家に献上している。寒中の鮟鱇は大変高価で庶民には手が届かないが、春ともなれば値も下がり「肴へんに 安いと書くは 春の事」という川柳が作られた。

大名が領国の産物を将軍へ時候の挨拶として贈ることを時献上（ときけんじょう）という。水戸藩では年間十数回の時献上を行っており、魚類では鮭が多く、初鮭に始まり、何度も生鮭や甘漬けを献上している。甘漬けというのは、鮓のように切った鮭を麹と米に押しをかけて漬けたもので、甘みが強い。鮟鱇は一回だけだが、特においしい十一月を選んでいる。水戸藩の変わった献上物では、雪が降れば度々、**川尻肉醤**（かわじりたたき）が献上された。これは鰹の腸を叩いて塩辛にしたものである。

鮟鱇はあまり泳がずに海底に潜み、頭の上に背びれのとげが長く触手のように伸びており、それをゆらして小魚を集めて、大きな口で海水と共に飲み込む。この習性から鮟鱇は英語でangler fish（釣り人魚（びとうお））とも呼ばれている。鮟鱇の姿は押しつぶしたような扁平（へんぺい）で見た目はよろしくない。しかし、味はおいしい上「この魚、皮肉骨腸肝（わたきも）、皆食うべし」（『本朝食鑑』）と一尾を余すところなく食べることが出来、特に肝と腸は最もおいしいとされた。現在でも**あん肝**の人気は高い。ただし慶安四（一六五一）年に鮟鱇の肝を取って売ることが禁止されたことがある。これはわざわざ「手苦労」すなわち手間をかけて売ることを禁止したもののようである（『江戸町触集成（えどまちぶれしゅうせい）』）。鮟鱇の体は柔らかすぎてまな板の上ではさばけない。そこで考えられたのが**吊し切り**（つるしぎり）である。鮟鱇の下唇を縄で貫き、天井の梁（はり）に懸け、口から五、六升（しょう）の水を注ぎ入れ、頸喉（のどくび）の皮を切ってから全体の皮を剝ぐ。そして肉を切り、肝を取ってから腸や骨を裂いて、包丁で胃袋を刺せば水がほとばしり出る（『和漢三才図会』）。この方法でなければ身と皮が上手く離れないという。

鮟鱇といえば鮟鱇鍋であろう。江戸時代の料理書では**鮟鱇汁**として紹介されている。鮟鱇の皮を切って身や内臓と一緒に煮え湯に入れてから水で冷やし、酒をかけておく。味噌汁が煮えたら先の鮟鱇を入れて酒粕を入れる。総じて濃い味つけがよいとされている。また蒸した鮟鱇の肝を裏ごしして、酢味噌で和えて鮟鱇の身と練り合わせる**友酢**（ともず）もうまい。干した皮は**鮟皮**（あんぴ）として汁の具や煮物用に市販され、卵巣も**布腸**（ぬのわた）の名で珍重されていた。まさしく一尾を食い尽くすことの出来る魚である。

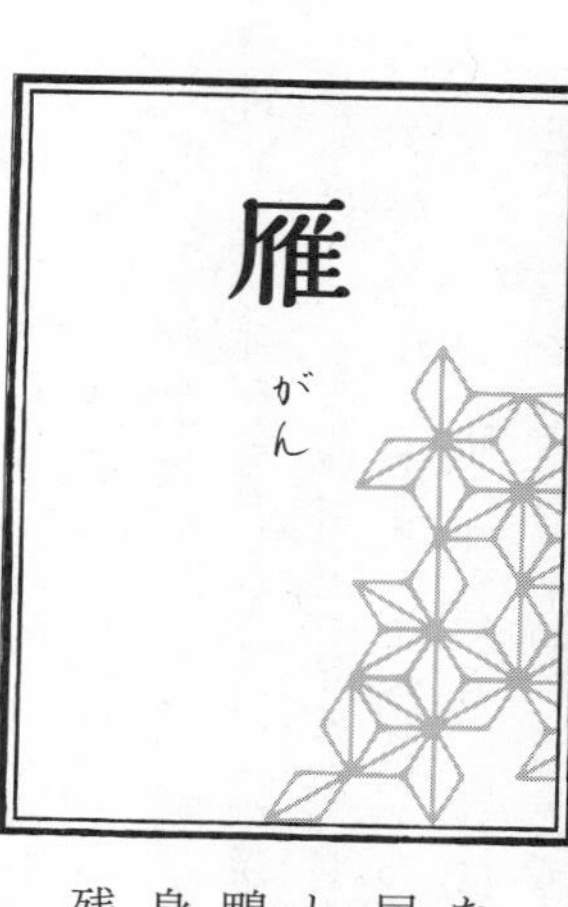

雁（がん）

「煮売見世（にうりみせ）身の無い雁や鴨がとび」。現代ではなかなか理解できない古川柳である。江戸時代の居酒屋では、看板替わりに大きな魚や蛸（たこ）などを吊して客を呼び込んだ。川柳では魚の代わりに雁や鴨が吊されているので、秋から冬の情景であろう。身がないというのは、肉を調理して客に提供した残骸を看板にしたということになろう。

雁は渡り鳥である。秋に飛来して春になれば北に帰る。『和漢三才図会』では「南へ来る時、やせて食ふべからず、北へ向かふ時は肥（こ）える故、これをとるべし」とある。長旅を経て訪れた雁は身がやせてまずいというのであるが、きっと脂も少なかったであろう。何といっても雁の旬は冬から春のものである。

雁といえば多くの美術作品に描かれている。浮世絵師・歌川広重なども『名所江戸百景』で「月に雁」「よし原日本堤」の雁行（がんこう）など、雁を題材としている。「月に雁」は切手の図柄になっているのでご存知の方も多いと思う。雁行とはきれいな列を作って飛ぶさまで、時にV字形を作ることもある。落雁とは本来、雁が池などに降り立つさまをいうが、現在では和菓子の名前となっている。

森鷗外の『雁』によれば、明治十年代の上野不忍池（しのばずのいけ）で、池の雁をねらって石を投げる場面がある。不忍池には雁がずいぶんと居たのであろう。ただ現在、東京をはじめ関東には雁はほとんど渡ってこず、雁から季節を感じることが出来ない。これは乱獲で数が減ったためで、一九七一年には三〇〇〇羽まで減ったが、天然記念物に指定されてからは順調に数を増している。

雁は古くから食べられており、長岡京出土の木簡には「鳥腊（きたい）（魚や鳥を干した物）雁」の文字が書かれ、雁を干し肉にしていたことがわかる。『料理物語』ほか、江戸時代の料理書に雁の調理法は多く「煮る」「焼く」「茹でる」「浸す」など、さまざまである。**酒浸**（さかびて）は塩を加えた酒に雁の肉を浸し、**生皮**は剝いだ皮と肉に酢をかけ、出汁と溜醬油が煮立ったときに皮と肉を入れる。**皮煎**（かわいり）というのは皮を煎って出汁を入れ、骨も煎って生垂（なまだれ）を少し差して塩を足す。茸（きのこ）を入れればおいしさが増す。生垂というのは味噌を水で溶いて布に入れて吊し、したたり落ちた汁である。変わったところでは**杉箱焼き**というのがある。杉の木箱を鍋にして、濃厚な味噌汁で雁を煮るもので杉の移り香を楽しめる。同じく杉の香りを楽しむ方法に**片木**（へぎ）**焼き**というのもある。雁の肉を大きめに切って醬油をかけ、雁を杉板に載せて焼くと香ばしい。

しかし、江戸で雁といえば**雁鍋**であろう。紀州和歌山藩士・酒井伴四郎は万延元（一八六〇）年十一月八日、新暦に直せば十二月十九日、浅草・鷲（おおとり）神社の酉（とり）の市へ向かう途中、上野で「名高き雁鍋」に三人で入っている。ところが、おびただしい客で店は大混雑、押し分け押し分け店に入って場所を確保して、雁鍋を突っつきながら酒を五合飲んでいる。ただ残念なことに、この時の鍋が味噌仕立てか醤油仕立てかは定かではない。なお、上野寛永寺に立てこもった彰義隊を政府軍が攻撃する際、この雁鍋屋の屋上に大砲を据えて砲撃を加えたと伝えられている。

「よし原日本堤」。空には月と雁。『名所江戸百景』

猪・鹿

いのしし
しか

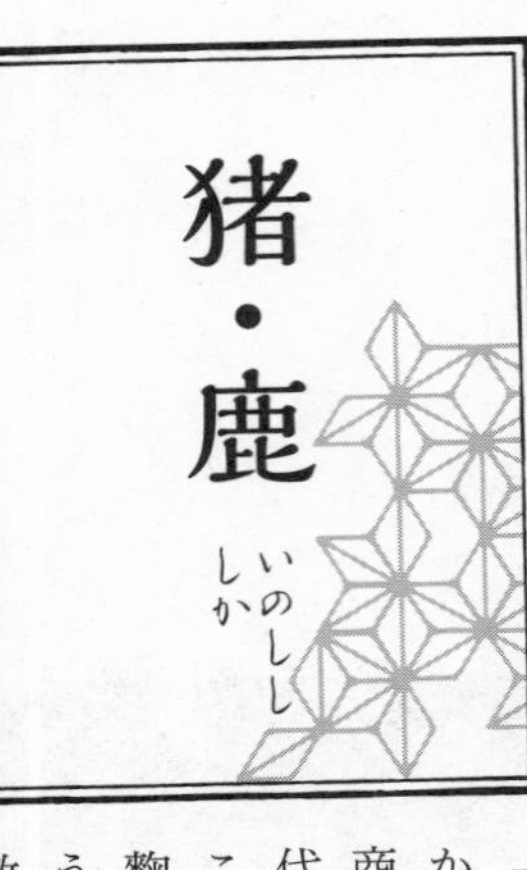

「かうじ町芝のやしきへ丸でうれ」。意味がわかりづらい古川柳ではあるが、江戸における獣肉商売をうまく柳句に仕立て上げている。麴町（千代田区）は江戸における獣肉店の発祥の地と言い、ここから獣肉商売が江戸中へ広まっている。この麴町と芝（港区）は近所とは言わないまでも、そう遠い場所ではない。芝には薩摩藩の藩邸や蔵屋敷などがあり、麴町で売られていた**猪**や**鹿**などの獣肉を切身ではなく、一匹丸ごと薩摩藩の屋敷で買ってくれるというのである。薩摩藩では相当、獣肉食が盛んであったのであろう。

では、なぜ麴町が獣肉店の発祥地となったのだろうか。江戸の西にある武蔵野には丘陵地帯が広がっていた。猟師たちは、そこで獲った猪や鹿などを甲州街道から麴町に運んで市を立て、そうした獣肉を専門に扱う獣店（けだものだな）も現れた。『守貞謾稿』によれば、元々江戸の獣店は麴町に一店だけであったものが、幕末頃には江戸の諸所で獣肉を扱う店が出来たという。こうした獣店は「ももんじや」などとも呼ばれたが、扱う肉は猪、鹿、狸（たぬき）、熊、犬、獺（かわうそ）など種類は多く、動物の解体を見物する人々で麴町は賑わいを見せている（『江戸繁昌記（はんじょうき）』）。なお、『守貞謾稿』の筆者喜田川守貞自身がかつて住んでいた大坂では、冬に藁莚（わらむしろ）を敷いて夜間にのみ獣肉を売っていたと言い、塀に鹿の足を立てかけて売る大坂の獣肉売りを描いた絵も残っている（『花の下影』）。

日本では獣肉を食べることはあまり好まれず、ほめられたことでもなかったとされている。ただ、獣肉を食べると精が付くとされることから、「薬食い」の名で食べられていた。しかし、先に触れたようにあまりほめられたことではないので、猪を「山鯨（やまくじら）」や「ぼたん」、鹿を「紅葉（もみじ）」と呼び変えて食べていた。一方、近年の研究によれば、江戸時代後期の江戸では思った以上に獣肉食が盛んで、幕末には豚も多く食べられるようになったことがわかっている。少し時代は遡（さかのぼ）るが、江戸時代後期の儒学者・松崎慊堂（まつざきこうどう）（一七七一～一八四四）の日記によれば、一〇年間に鹿肉九回、豚肉六回、牛肉二回、猿肉一回を食べているという。思った以上に豚の回数が多く、この頃には徐々に豚肉の食用が広がっていったのであろうか（豚の項参照）。ただ、通常、薬食で食べられる肉は、猪や・鹿が中心だった。

江戸時代前期の料理書『料理物語』（一六四三）には、鹿、狸、猪、兎（うさぎ）、獺、熊、犬の調理法が記されている。調理法は汁物、貝殻を鍋代わりにしたすき焼き風の貝焼、山椒味噌を塗って焼いた田楽などであるが、獣肉の匂いをいかに取るかが料理の決め手。そのために味噌やニンニク、胡椒などをよく使っている。または鹿は干し肉にしても良い。

そうした獣肉料理から汁物を紹介したい。獣肉の汁物には、猪や鹿、あるいは狸などが多く使われている。作り方の基本は、味噌汁仕立てにして牛蒡や大根を入れ、酒や塩を加えている。『料理物語』によれば、松葉と猪や鹿の肉を一緒にお湯で煮て、匂いをとってから味噌汁にしている。また肉と松葉にニンニクと柚子を加え、古酒で煎ってから水で洗う方法も記されている。いかに肉の臭みを取るか、苦労が垣間見える。

『守貞謾稿』によれば京都、大坂、江戸ともに猪は葱を入れた鍋物にして食べられているが、他の文献でも鹿やその他の肉にも、葱を加えた味噌汁仕立てが多く、江戸時代の獣肉料理は鍋が基本であった。

「びくにはし雪中」。猪を山くじらとして売る。『名所江戸百景』

牡蠣

かき

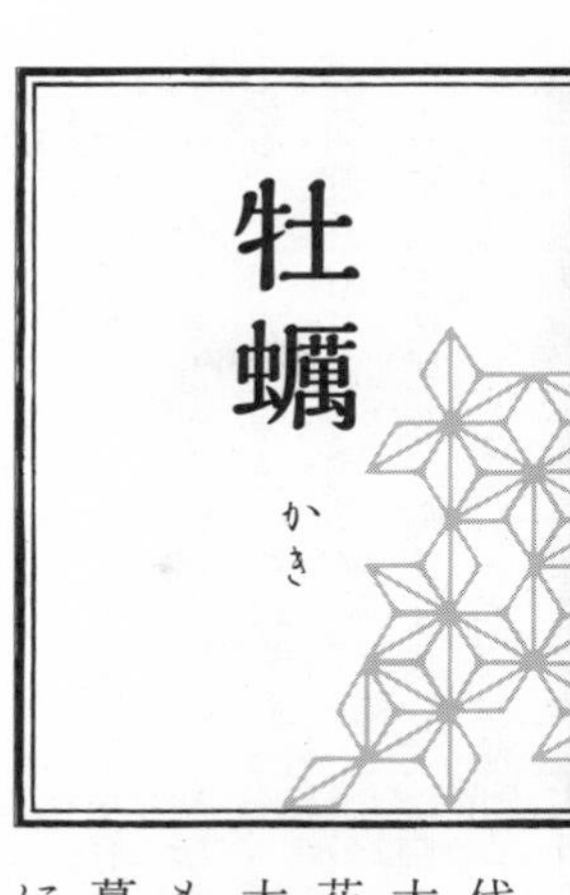

「牡蠣船は十夜に来たり 御忌に帰る」。江戸時代、大坂のことわざである。大坂の市民は牡蠣が大好物。ただし大坂湾で獲れる牡蠣は少ない（『浪花の風』）。そこに目を付けたのが広島の人々で、大量の牡蠣を船に積み込んで大坂に運び、橋のたもとや河岸場などで商っていた。こうしたことは幕府から許可されていて、たとえほかの船の邪魔になっても追われることはなかった。牡蠣船は、旧暦十月六日から十昼夜行われる浄土宗の十夜法要の「十夜」の頃に大坂に至り、正月十九日から始まる法然上人の年忌法要「御忌」の頃に広島に帰って行く。冒頭のことわざは、そのことを言っている。ただし『守貞謾稿』では、十一月朔日から二月晦日のこととしている。なお、牡蠣を商っていた牡蠣船は、のちに船の中を座敷のように設え、客を船中に引き入れて、飯や汁をはじめ牡蠣料理一式を商うようになった。

　牡蠣は日本各地で獲れるが『和漢三才図会』によれば、三河の苅屋（愛知県）や江戸の近くで獲れるものが大きくて美味いとしている。また江戸の魚河岸で売られる隅田川河口の永代島（深川）あたりの牡蠣は、大きく味も良く、漁師達は牡蠣をむき身にして売っていた（『本朝食鑑』）。ほかにも、安芸（広島県）の牡蠣は小さいが味は「佳」、つまり良いとしている。一方、播磨（兵庫県）の牡蠣は大きいが肉が硬く味は良くないとのこと。ただし、こうした味の比較は多分に主観が入っていると思った方がよい。たとえば幕末江戸の生活マニュアル『江戸自慢』には、江戸の牡蠣の肉は大きいが味は薄く、故郷和歌浦（和歌山県）と比べれば大いに劣ると記されている。

牡蠣は自然にも獲れるが、現在同様に養殖も行われており、特に広島が名高かった。先述の大坂の牡蠣船で売られた牡蠣は三年もので、味も良く、畿内で食されるのは広島産が多かったという。養殖の方法は干潮時、砂に大竹で「ヒビ」と呼ばれる垣根を作り、そこに付着させるというもの。この長さは一里（約四キロメートル）にも及んでいる。ヒビでは、魚や海苔も獲れた。また座頭鯨には沢山の牡蠣がつくので、鯨漁の副産物でもあった。

牡蠣の殻は焼いて粉にすると漢方薬や石灰の代用品になった。殻で屋根を葺いたり鶏の餌に混ぜるなど用途は多いが、やはり牡蠣の肉を美味しく食べるのが一番の利用法である。食べ方で言えば生はもちろん、焼物、吸物、和え物、餡かけ、田楽、飯、雑炊など料理法も多彩である。

殻のままの牡蠣を炭火で焼いて、口を開けたら醤油をさせば良い酒の肴になり殻焼と呼ばれる。ただし人によっては醤油より酒をさした方が良いという。よく擂った山芋に鰹節、白味噌、松前昆布で作った出汁を合わせ、牡蠣を入れてさっと煮るのも美味。夕イミングは煮立つ直前が良いという（『伝演味玄集』）。また、さっと湯で煮た牡蠣の水気をしっかり取って、煮梅か梅干の果肉に白味噌と砂糖を少しずつ入れてよくする。そこに木耳、岩茸、割った栗、百合根などの内一品を加えれば牡蠣の梅肉和となる（『素人庖丁初編』）。またねぎ味噌などと和えても美味しい。

　溶いた卵に醬油をさし、さっと煮た牡蠣と合せて蒸して切り、葛で仕立てれば吸物の具になる。また、江戸時代の**牡蠣飯**は、飯がふきあがる時にむき身の牡蠣を入れ、出汁をかけて食べる。味噌汁に飯を入れ、ひとふきしたら牡蠣のむき身を入れ、もう一度煮立った時に火を止め、少し冷ます**雑炊**も美味い。これに大根やねぎを加えることもあるが、牡蠣だけにする場合は牡蠣が多めの方が良いという（『名飯部類』）。『守貞謾稿』によれば、京坂ではこの牡蠣雑炊が、雑炊の上製とされている。

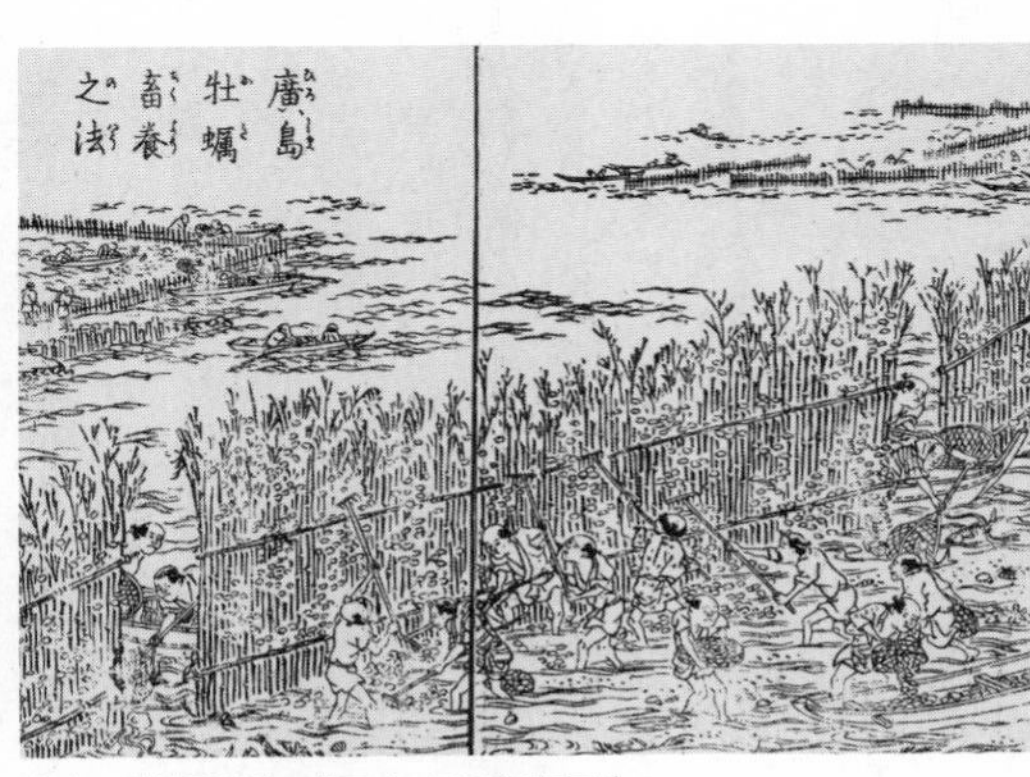

広島の牡蠣養殖。『日本山海名産図会』

鶴

つる

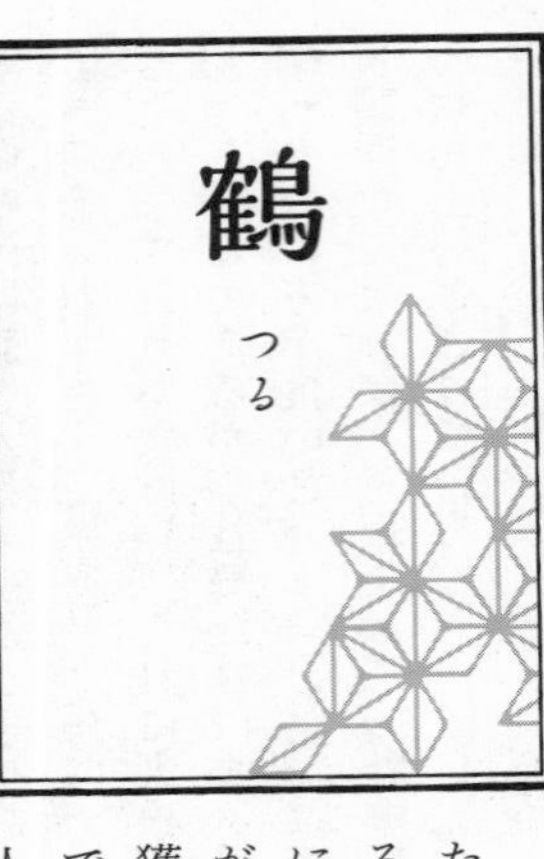

　江戸時代、年末ともなれば将軍は鷹狩を行った。獲物の鶴は京都に送られ、天皇に献上される。これを鶴の御成り（おなり）と言い、宮中では毎年正月に「鶴の庖丁」と言われる儀式があって、包丁人が鶴をさばき天皇にささげた。鶴は鷹狩の最高の獲物であった。室町時代、京都の公家や武家社会では、包丁人が鶴や鯉（こい）などをさばき、その技術を人々に披露しており、江戸時代に引き継がれた。しかし、なぜ鶴や鯉なのであろうか。それは鶴が長寿の象徴で、瑞鳥（ずいちょう）として鳥の中の王者であり、鯉もまた魚の王者だったからである。ちなみに江戸時代には、鯉は鯛にその座を譲る。

　鶴は食用のためだけに捕獲されたわけではない。その秀麗（しゅうれい）な姿を眺めたり、鳴き声を聞いて優劣を競う鶴合わせも行われ、古くから飼育もされていた。たとえば奈良時代の長屋王邸跡から出土した木簡には「鶴三隻米四升」「鶴司（つるのつかさ）」などの文字が見える。鶴三羽の餌に米を四升という意味であろうか、いずれにしても鶴が飼育されていたことがわかる。江戸や京都では、食用だけでなく飼育用の鶴も販売されていた。鶴は長寿の象徴と書いたが、飼育された鶴の寿命は五〇年を超えることもあり、たしかに長寿ではある。

ただ飼育には費用もかかり、江戸時代の考証随筆『嬉遊笑覧』には丹頂鶴の一日の餌として、鰻銀三匁、泥鰌三匁五分や玄米二升が必要とされ、年間の経費は二二、三両（二三〇万円）にも及んでいる。

錦絵には江戸に飛来した鶴を描いたものも多く、歌川広重の「名所江戸百景」――蓑輪金杉三河しま――が良く知られている。この絵は千住あたりを描いたもので、『武江産物志』には鶴の飛来地として本所（墨田区）、千住（足立区、荒川区）、品川が記されている。巨大都市・江戸に近接した土地に鶴とは不思議に思うが、これらは将軍の鷹狩のために特別に餌付けされたものである。鷹狩は特に許されたものだけが行える狩猟法で、江戸近郊の広大な地域には尾張、紀伊、水戸の御三家鷹場や将軍家の鷹場が設けられていた。

八代徳川将軍・吉宗は鷹狩好きで知られ、将軍在職中から度々鷹狩を行っているが、幕府の公式記録『徳川実紀』によれば、享保六（一七二一）年に亀戸での鷹狩に際して鶴血酒を従者の内、希望する者に与え、同九年には鶴血丸（丸薬）が与えられていた。鶴は食用、観賞用としてだけではなく薬用としても用いられていたのである。

さて鶴の料理である。『料理物語』には鶴の料理法として、「汁、せんば（野菜を合せた塩味の煮物）、塩を加えた酒に浸すさかびて（酒浸）、其外色々」とあり、さまざまに調理されていたことがわかる。また同書によれば、汁物は出汁に鶴の骨を入れて味噌仕立てで煮て、季節の野菜などを入れる。また、茸はいくら多くても良いとしている。香りのものとして山葵、柚子などを添えた。

鶴の猟期は秋から冬で、それ以外の季節には主に塩漬けにされた鶴を用いる。通常は中くらいの濃さの味噌味にするが、塩鶴の場合は少し薄味にすると良いという。塩の抜き方が大事であり、注意すべきといくつかの料理書にある。味付けにも注意が必要で、塩鶴であっても鶴の肉に油の潤いが多く残っている場合には、中くらいの味噌味よりも濃くして良いという。ほかに鶴の漬け方としては粕漬や味噌漬けなどがある。また、煮物としては食膳に出す間際に、濁り酒かどぶ(酒粕を擂って煮返したもの)を加える**酒煮汁**というものもある。ただし、加える加減は多すぎてはいけないとされている(『江戸料理集』)。

「蓑輪金杉三河しま」。江戸郊外に鶴が飛来する。『名所江戸百景』

無季

豆腐

とうふ

夏の酒の肴といえば**冷奴**。葱や生姜、鰹節などをかけて醤油で食べる。淡泊な味わいは、日本酒に焼酎、ビールと何にでも合う。冷奴という名は、四角に切られた**豆腐**の形が江戸時代の下級武家奉公人である「奴」の着物にある方形の紋に似ているところから来ている。ただ食文化史研究者の川上行蔵氏によれば、冷たい生の豆腐に醤油をかけて食べるようになったのは、江戸時代の中期（一七四〇年代）以降だという。それ以前は「煮る」「焼く」「揚げる」「茹でる」「蒸す」など、加熱する料理法が主で、江戸中期までの奴豆腐は温かい豆腐だったことがわかる。なお温かい奴豆腐には鰹節の溜醤油、冷たい奴豆腐には生醤油をかけた。

豆腐は江戸時代の人々にとって、大変ポピュラーな食べ物であるとともに、大豆を原材料とする貴重なタンパク源でもあった。値段も手頃で豆腐屋も多く、二つの桶に豆腐を入れて天秤棒でかつぐ振り売りの姿がそこかしこで見られた。

豆腐は紀元前二〇〇年頃に中国で生まれたと言われてきたが、これは俗説で、その誕生は北宋の十世紀頃が有力視されている。日本の文献に豆腐が初めて登場するのは、源平合戦のさなか、平安時代末期の寿永二（一一八三）年である。その後十四世紀になると豆腐はますます日記などに記されるが、不思議なことにすべて冬に書かれている。当時の豆腐は、製法や保存面で暑い時期に向かなかったのだろう。また、この頃から**湯豆腐**をはじめ、料理法が徐々に増えている。

湯豆腐は**田楽**とともに江戸時代にもっとも親しまれた豆腐料理だ。湯豆腐は現代でも人気の料理法なので特に説明はいらないだろう。細長く切った豆腐を串に刺して焼いたものが田楽で、味噌などを塗って食べた。二本の串で刺すことが多く、二本差しの武士を侮って田楽と陰で呼んだという。田楽は京都の**祇園（ぎおん）豆腐**が名高いが、加えて湯豆腐も京都を代表する料理であり、江戸の頃から豆腐といえば京都だったようだ。二代目市川団十郎（一六八八〜一七五八）も京名物として水、松茸とともに豆腐を挙げている。また幕末の『守貞謾稿』によれば「京坂の豆腐は柔らかで色白く美味しく、江戸のそれは色も白くなく堅く味も劣る」とある。特に京都の**絹ごし豆腐**は優れていたが、同書に「京都の豆腐は絹ごしでなくとも、水を入れた容器で慎重に運ばなければ崩れてしまうが、江戸では水がなくともその心配はない」とあり、どうも江戸の豆腐は分が悪い。

『豆腐百珍』（一七八二）という一〇〇種類のレシピを記した豆腐専門の料理書から、**湯奴（おんやっこ）**の作り方を紹介したい。まずは水で葛（くず）を溶（と）いて煮立て、そこに豆腐を約三センチ角の立方形に切るか、二センチ角長さ三〜五センチ位の長方形に切った豆腐を一人分入れて煮る。そしてまさに浮き上がる瞬間にすくい上げる。浮き上がってしまっては味が劣り、その違いは端的である。温めておいた豆腐を入れ、別に生醤油を煮立てて花がつおを入れ、湯を足してさらに一煮立ちさせて漉した汁と合わせて、葱白をざく切りにしておろし大根や唐辛子の粉などで食べる。単に湯奴といってもずいぶん手が込んでいる。この料理を京都では湯豆腐という、とも書いている。筆者は行きつけの店で、昆布と一緒に煮た豆腐を器に盛った「温奴」を季節に関係なく良く頼む。花かつおと摺った生姜でいただくが、簡単だが豆腐の旨味をたのしめ酒との相性もよい。

豆腐屋の情景。奥では油揚を揚げている。『職人尽絵詞』

醤油

しょうゆ

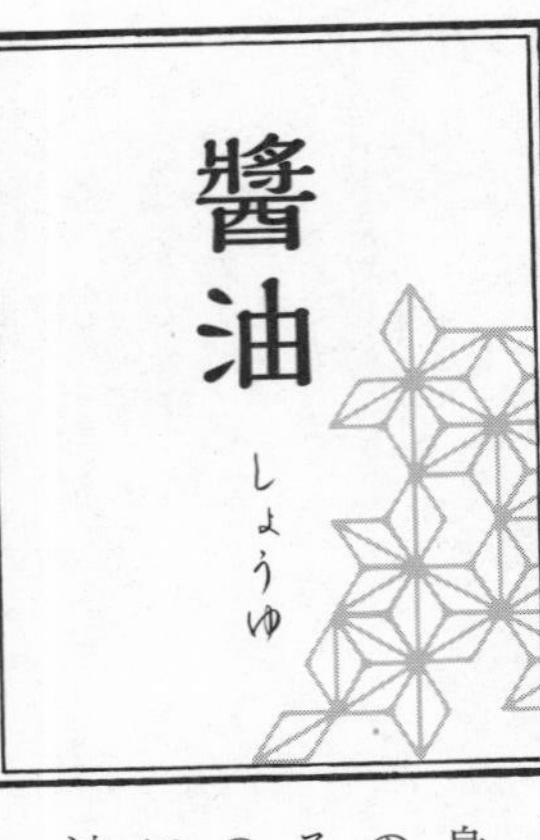

醤油は日本料理に欠かせない調味料である。刺身のつけ醤油、煮物の味つけ、秋刀魚など焼き魚のかけ醤油にも欠かせない。食材を発酵させて作る調味料としての**醤**は各地にあるが、東南アジアの**魚醤**が特に知られている。醤のうち米、麦、豆に塩を加え発酵させる**穀醤**が発展して、味噌や醤油に姿を変えた。

紀州湯浅（和歌山県）には、中国伝来の径山寺味噌の桶底に溜まった液汁が醤油に発展したという伝承がある。一方、室町時代の南都（奈良県）では、醤油の製法に近い方法で**唐味噌**が作られ、その液汁を搾った**唐ミソノシル**が調理に使われていた（『多聞院日記』）。つまり醤油の基本的な製法は、室町時代には考案されていたのである。

醤油には**濃口**、**淡口**、**溜**、**再仕込**、**白**などの種類がある。濃口醤油は色が濃く強い香味が特徴で、等量の大豆と小麦を使い、現在の醤油生産量の八四・二パーセントを占める（以下「」内は醤油の生産量割合）。淡口醤油は水分を多くして色と香味を抑える一方、塩分は濃口醤油より幾分か高めのものが多い。食材の色や香りを損なわないので料理に適しており、寛文年間（一六六一～七三）に播磨龍野（兵庫県）で開発されたといわれ、現在でも関西で多く使われる［一三パーセント］。溜醤油は濃口醤油よりもさらに色が濃く、甘い独特の風味で三重県や東海地方で多く使われる［二パーセント］。再仕込醤油は醸造する時に、塩水のかわりに火入れをしていない醤油を使う。高価だがつけ醤油やかけ醤油に適している［〇・六パーセント］。白は淡口より色が淡く淡泊で、汁物や煮物によいとされる［〇・二パーセント］。ただ、舌は慣れた味を求めるようで、関東育ちの筆者は刺身に溜醤油を出されると少し困る。しかし、古くはつけ醤油に限らず溜醤油が一般的に使われていた。濃口醤油や淡口醤油の製法が工夫されるのは江戸時代以降である。

江戸時代前期の醤油産地は紀州湯浅、播磨龍野、備前児島（岡山県）、讃岐小豆島（兵庫県）、近江日野（滋賀県）など関西に偏在しており、これらの地域から新興都市であり、なおかつ大消費地であった江戸へ運ばれ**下り醤油**と呼ばれた。下り醤油は値段が一升につき銭七十～百八文（一六四八～五二）と関東の醤油の約倍値であったにもかかわらず江戸でもてはやされ、享保年間（一七一六～三六）には七割から八割が下り醤油であった。ただし醤油の利用法には時代によって変遷があった。食文化・調理学者の松下幸子氏によれば、江戸時代初期には醤油は調味にはあまり使われず、水で溶いた味噌を少し煮詰めて袋に入れて吊るして垂れた汁である**垂味噌**、あるいは味噌を水で溶いてそのまま布袋に入れて自然にたれた**生垂**を調味に使っていたという。醤油は主につけ醤油として使われたが、理由は醤油の値段の高さにあった。

江戸時代中期以降、下総の銚子や野田（ともに千葉県）を中心に関東各地で醤油醸造業が発展、より江戸っ子の好みにあった濃口醤油を生産して江戸市場から下り醤油を駆逐する。文政四（一八二一）年には、江戸にもたらされる一二五万樽の醤油のうち、下り醤油は二万樽にまで減っている。醤油全体の総量は不明ながら、江戸の醤油消費量は増加していると思われる幕末には下り醤油は五〇〇～八〇〇樽とさらに減っている。このごく少量の下り醤油がどのように使われていたのであろうか、興味がわく。

現在では少しずつではあるが関東でも淡口醤油の消費量も増えているという。ちなみにキッコーマン醤油やキノエネ醤油は野田の銘柄、ヤマサ醤油やヒゲタ醤油は銚子の銘柄であるが、江戸時代には土浦（茨城県）ほか各地に醤油の生産地が形成され、江戸の食文化を支えていた。

醤油樽。『和漢三才図会』

蕎麦
そば

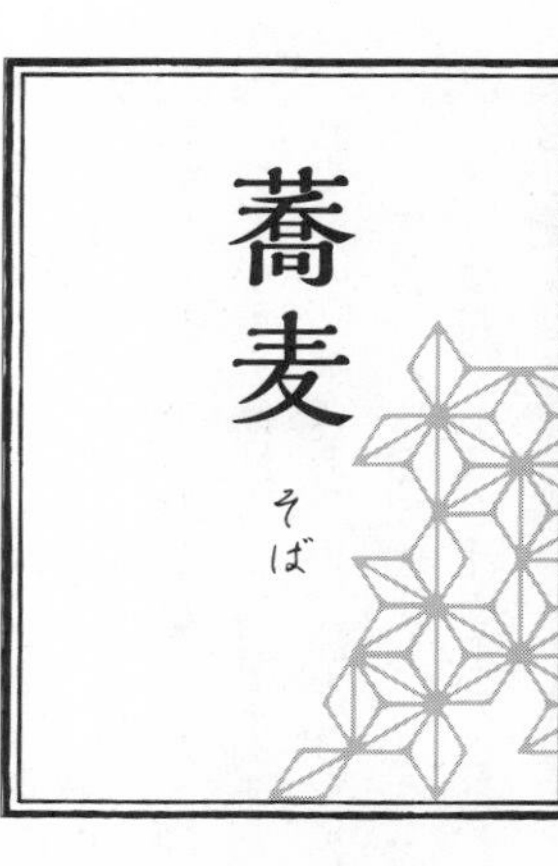

江戸の**蕎麦**屋に入れば、ただちに「もり」か「かけ」かと聞かれたという。これは幕末の勤番武士向けの生活マニュアル『江戸自慢』の一節である。作者は紀伊田辺領の医者・原田某（なにがし）だ。彼も江戸で最初に入った蕎麦屋で即座に尋ねられ、戸惑ったのだろう。江戸では一町ごとにかならず蕎麦屋があり、蕎麦の屋台も数多く営業していたと言い、蕎麦はまさしく江戸を代表する食べ物であった。

文化八（一八一一）年、江戸町奉行所が表店（おもてだな）で食類を商う商人の数を調査している。表店とは表通りに面して店を構えたもので、七一八人が「饂飩（うどん）屋蕎麦切屋」営業をしていた。これらの店では蕎麦とうどんの両方を商っていたが、この数に裏店商いの蕎麦屋や屋台店は含まれない所から、相当数の蕎麦屋が江戸で商いを行っていたことがわかる。

現在、蕎麦といえばつるつるの麺状のものを指すが、かつては蕎麦粉を練った**蕎麦掻（が）き**が主な料理法で、味噌ダレや醤油をつけて食べた。蕎麦粉を練って細長くしたものを**蕎麦切り**というが、その発祥は長く不明だった。江戸時代の料理書『料理物語』に登場することから、寛永二十（一六四三）年説が長く信じられており、吉川英治が小説『宮本武蔵』の中で、慶長年間（一五九六〜一六一五）に蕎麦切りを登場させたところ、江戸研究の第一人者である三田村鳶魚から、さんざんに批判されたことがあった。ところが、寛永以前の公家や僧侶の日記から「そばきり」の言葉が発見され、昭和四十一年には慶長十九（一六一四）年の記録からも発見されたことで、慶長説が定着し、吉川英治の創作力の確かさが図らずも証明された。

近年信州・木曽の寺の天正二（一五七四）年の古文書から「ソハキリ」の記述が見つかっている。ただし、蕎麦切りの言葉はないが、『山科家礼記』文明十二（一四八〇）年に見られる蕎麦が蕎麦切だったという推定もある。また、蕎麦切り発祥の地も明らかになっていないが、信州（『毛吹草』）もしくは甲州（『塩尻』）ではないかといわれている。

蕎麦切りの誕生した当初、蕎麦を打つときには小麦粉を使わず、飯のとぎ水、夏季には豆腐をつなぎに使った（『料理物語』）。蕎麦汁は味噌を袋に入れて吊るし、垂れてきた垂味噌や煮貫を使った。煮貫とは味噌と水を合わせて鰹節を煮て、垂味噌同様、袋に入れて垂らしたあと漉したものだ。現在の蕎麦や汁と異なる味だったのは、江戸時代中頃まで、小麦も醤油もまだまだ高価だったことに理由があるようだ。

蕎麦屋の暖簾にある「生蕎麦」の言葉、これは昔、つなぎを使わずに蕎麦粉一〇〇パーセントで打ったことに由来し「なまそば」ではない。その後、つなぎを使ったなめらかな食感と醤油ベースの汁に工夫され、江戸っ子好みの食べ物となった。

もり蕎麦は蒸籠に盛って出される。これは、かつて蕎麦を湯通しせず、蒸して提供したことの名残だ。**ざる蕎麦**は、つけ汁がもり蕎麦より濃く、味醂を加えて、もり蕎麦と区別するために刻み海苔をかけた。しかし、現在はつけ汁に差はないようだ。

江戸中期、信濃屋という蕎麦屋が、器に入れた蕎麦に汁をかけた**ぶっかけ**を売り出すと江戸中に広まった。最初は下賤なものとされ、女性は食べてはいけない、食べるにしても器を手で持たず、下に置いて食べたといい「ぐっとこごんでぶっかけを嫁は喰い」という川柳も残っている。**かけ蕎麦**はこのぶっかけに由来する。

最後に二八蕎麦について触れておきたい。これは蕎麦粉八、小麦粉二の割合だとか、二×八＝十六文の値段だとか色々言われている。「二八うどん」という看板が描かれている錦絵からも値段のことで、うどんに割合は関係ない。明和七（一七七〇）年に蕎麦の値段が十六文から十九文に値上がりした後（『江戸町触集成』）も、二八蕎麦の名が残った。とは言っても当時から蕎麦が蕎麦粉と小麦粉をあわせて作られたことは事実で、これが割合説の根拠となったのであろう。蕎麦の値段についてであるが、『守貞謾稿』によれば、慶応元（一八六五）年以降諸物価が高騰して、蕎麦とうどんも二十四文に値上りしたことを記している。続いて二八蕎麦（後二十四文）の蕎麦を「駄蕎麦」とし、つまりきちんとした手打ち蕎麦屋では、二八蕎麦は売らなかったという。二八蕎麦を売る店の看板に手打ちとあっても、それはまがい物と言うことなのであろう。今も昔も手打ち蕎麦は特別な存在であった。

屋台で蕎麦を食べる。『職人尽絵詞』

鶏卵

けいらん

「是さには ようきますと 玉子売」。江戸の街には卵（玉子）売りが多かった。手提げの籠に**鶏卵**を入れて売り歩くのだが、中でも吉原に多かった。冒頭の川柳は卵（玉子）売りのセールストークだが、現代風に言い換えると「あれには玉子がよく効きます」となる。今と変わらず、卵は精力強壮によいと信じられていた（『本朝食鑑』）。彼らが売り歩いたのは主に**茹で卵**で、幕末頃、大きめの茹で卵一つで二十文（『守貞謾稿』）、一文二〇円換算で約四〇〇円、現在の感覚では随分高いが、よく売れたようである。

日本人の卵好きには外国人も驚いたようで、文化八（一八一一）年、国後島で松前藩に捕らえられたロシア海軍士官・ゴロブニンの手記『日本幽囚記』には「日本人は卵が大好きで、茹で卵を果実のように丸のままかじる」と書いている。しかし元々、日本人はそれほど卵が好きだったわけではない。古代から中世にかけて、鶏卵を食べたらしい記録も見られるが、その数は多くない。逆に『日本霊異記』などの仏教説話では、卵を食べることによって、実に恐ろしい目に遭う話が目につく。まさに「卵を 焼き 煮る 者は 必ず 灰地獄に 堕つ」（『今昔物語』）という言葉が、そうした事情を良く表している。

ちなみに灰地獄とは、熱い灰が河のように流れている地獄である。室町時代くらいまで、日本人は食べ物としての卵にはあまり親しみがなかったようである。事実、室町時代の料理書に卵・鶏料理はない。

変化は外国からやって来た。戦国時代から安土桃山時代にポルトガル人たち、いわゆる南蛮人が卵をふんだんに使う南蛮料理をもたらし、徐々に日本人も卵を食べることに抵抗がなくなった。卵と日本の食文化といえば、まずは菓子との関わりだ。和菓子は植物性の原材料を使う。そこに**鶏卵素麵**（そうめん）や**カステラ**といった卵を使う南蛮菓子が伝わった。

鶏卵素麵は砂糖蜜を煮立てて、その上によく溶いた卵黄を細長く落としていくことで素麵のように長く固める。ポルトガル語では「卵の糸」という意味の名が使われており、ポルトガルと関係の深かった東南アジア諸国に伝わっている。南蛮菓子のもう一つの特徴は砂糖を大量に使うことで、一〇〇パーセント輸入に頼っていた貴重な砂糖や卵を惜しげも無く使った菓子は、当時の人々を魅了した。

カステラは卵、小麦粉、砂糖をよく溶き合わせて焼き上げるケーキ状の菓子で、江戸時代には全国各地で高級菓子として作られており、中でも長崎が名高い。現在では水飴を入れたりザラメの砂糖を使ったり、あるいは卵白と卵黄の割合を工夫するなどして、ふんわり、しっとりした食感と卵の風味を残した甘さが人を引きつける。ただし、オーブンのない江戸時代のカステラは現在のものとは随分と違う。「かすてら鍋」と呼ばれる四角く薄い鉄鍋に生地を入れて焼く、何やら小麦粉入りの**卵焼き**のようである。その後、技術革新が進んで鍋の上に金属製の蓋をして火にかけ、蓋の上にも炭や炭団を置き、上下から熱するようになった。またもっと大がかりなカステラ専用の釜も開発され、その姿はシーボルトに日本の情景の写生を依頼された画家・川原慶賀も描いている。

　菓子以外にも卵は受け入れられ、日本人の好物となっていった。天明五（一七八五）年には『万宝料理秘密箱前編』別名「玉子百珍」と言われる卵料理の専門書まで刊行されている。同書には、湯に酢と塩を加え卵を割って落として半熟卵にして浅草海苔をかけ、山葵醤油か煎酒で食べる**磯菜玉子**、黄身と白身を反転させたゆで卵、**黄味返し卵**など一〇三種類の卵料理が記されている。

酢

す

「酒は酢に　草は蛍と　成りにけり」。「草が蛍になった」という古歌を元に、小林一茶（いっさ）が詠んだ句である。かつて**酢**は酒が変じたものであると思われていた。事実、大事な酒を酢にしてしまったという中国の故事から**苦酒**（くしゅ）とも呼ばれている。酢は『**万葉集**』に詠まれるほか、平安時代に作られた律令の施行規則『延喜式（えんぎしき）』にも醸造法（じょうぞうほう）が記されている。米を原材料にした、後の**米酢**（よねず）である。主に調味料として使われ、焼くなど調理した鳥肉や魚などを酢や塩に直接つけて食べた。その後、野菜を酢で和えた**酢菜**（すさい）なども作られるようになり、料理への使われ方も徐々に増えている。

室町時代、鯉の刺身は山葵と酢を合わせたもの、鯛の刺身には生姜に酢を合わせたものをつけて食べた。各地で酢が作られたが、なかでも和泉国（いずみのくに）（大阪府）のものが特に名高い。ほかに**北風酢**（きたかぜす）とよばれる摂津国（兵庫県）の酢も日本第一と賞され、上等な「ぴりっとよく効く酢」の代名詞となっている。

江戸時代は、和食の調理法が大いに発展した時代だが、それと歩調を合わせるように酢の利用法も発展した。まず他の調味料などと合わせる**合わせ酢**の豊富さがあげられる。

現在でもよく聞く**三杯酢**は酢と醤油に酒を合わせたもので、後に酒の代わりに味醂や砂糖も使われるようになった。甘味を大事にする江戸料理にぴったりである。なお**二杯酢**は酢と醤油を合わせたもので、さっぱりとした味が楽しめる。

ここで江戸時代の料理書にある合わせ酢を紹介しよう。よくしぼり水気を切った豆腐と炒(あぶ)った白胡麻を一緒に擂って酢で溶き、漉したものを**白酢**(しらず)と呼ぶ。もちろん色合いからきた名前であるが、魚や野菜などに和える。**青酢**はほうれん草やからし菜を茹でてしぼり、酢で溶いて漉した青い酢で、膾(なます)などに使った。ほかには辛子、胡桃(くるみ)、胡麻、味噌、玉子、芥子(けし)、山葵なども酢に合わせた。中には酢に焼き塩を入れて煮返したものもあった。

鯖(さば)やこはだなどの魚肉に塩をして肉を締め、酢になじませるのが**酢締め**(すじめ)だ。膾や刺身にして食したが、鮨種にもなった。江戸の鮨といえば握り鮨である。鮨の由来は別の機会に譲るが、江戸時代後期の文政年間（一八一八〜三〇）に江戸で握り鮨が生まれた。屋台で売られたファストフードで、手軽さが江戸っ子に受けた。「鮨は鮨種が命」とはいえ、酢と飯を合わせた**鮨飯**の存在も忘れてはならない。種と飯、いずれが劣ってもよい鮨とはいえない。飯に酢を合わせることは以前から行われていたが、飯や魚に酢を加えて一晩圧しをかける早鮨の類であった。安価な握り鮨に高い酢は使えない。そこで米酢に替えて、酒粕から作る**粕酢**(かすず)が注目された。現在の鮨飯には酢と砂糖を加えるが、砂糖が比較的高価な江戸時代後期、砂糖は使えない。甘味をもつ酒粕を原材料にした粕酢は鮨飯によく合い、なおかつ値段が安いことも魅力であった。幕末の江戸では、尾張（愛知県）の粕酢が第一とされた。

粕酢を作るには、まず酒粕を二年から三年寝かせて飴色になったところで水を加える。それを濾過したものの半分を煮て、残り半分と合わせてから酢種を加えて発酵させる。その伝統は、現在も半田（愛知県）などに引き継がれている。

酢の量り売り。『人倫訓蒙図彙』

「豚の居る所と外科殿をおしへ」　これは外科医の家を尋ねる人に、豚のいる家を教えたという川柳で、江戸の町では豚を飼う外科医が多かったのだろうか。実験用に飼っていたという説がある。また、江戸時代初期に大名などが猛犬を飼うことが流行り、その餌として豚が飼育されたという説、さらに将軍などが行う鷹狩り用の鷹の餌に犬がなり、その犬の餌に豚がなったという説もある。あまりといえば、あまりな豚の飼われ方である。

豚の飼育の始まりと実態に関しては、なぞが多い。考古学者・佐原真氏は弥生時代には、猪とは異なる豚が飼われていたが、平安時代以降存在が確認できなくなり、江戸時代以降文献に多く登場するとしている（『食の考古学』）。本書のために色々調べて行くうちに、豚の飼育と利用について新しい視点が得られたので紹介したい。

『本朝食鑑』（一六九七）では、先の猛犬の餌用のほか、豚が溝や台所のゴミや汚水を喜んで食べる上に飼いやすいので飼われたとしている。江戸時代の図説百科事典である『和漢三才図会』によれば、長崎や江戸で飼う人があるが、日本人は肉食を好まず、豚は愛玩動物でもないので最近は飼う人も稀だという。また、長崎で豚が多いのは出島のオランダ人あるいは中国人たちの食用に供(きょう)せられたからであろう。貝原益軒(かいばらえきけん)の『大和本草』にも「長崎で豚が多いのは殺して異国人に売る」とある。また「丸山は ぶたの味煮で 壱歩しめ」という川柳は、長崎・丸山の遊郭(ゆうかく)を訪れたオランダ人へ提供した**豚の甘煮**が金一(壱)分(ぶ)(二万五〇〇〇円)だったことを詠っていると思われる。食用としては、オランダ人や中国人を想定しているようである。

豚は江戸時代以前から食用に使われていた。とは言っても食用油としてであった。鯛の料理として、室町時代後期の『大草家料理書(おおくさけりようりしよ)』に記された鯛なんば焼は、鯛を豚の油で揚げており、江戸時代初期の『料理物語』のするが(駿河)煮でも焼いた鯛を豚の油で揚げている(鯛の項参照)。これまで豚料理の解説で、江戸時代の初期から豚が飼われている説明の根拠が少し弱いと筆者自身感じていた。この両書の記述から、室町時代後期と江戸時代初期の料理書の揚げ物に、豚の油が使われている点は興味深い。なお『料理物語』ではこの料理法を南蛮料理、いわゆるヨーロッパ伝来の料理としている点も目を引く。動物由来の油で料理をすることは外国からもたらされたのであろうか。

豚そのものを食用とすることは、あまり広まっていない。にもかかわらず豚を飼うことは各所に見られ、江戸時代後期になると長崎のほかに広島に豚が多かった。広島では豚が「京などに犬のあるごとく家々の軒下(のきした)に多し」(『東西遊記(とうざいゆうき)』)という状況であった。江戸の儒学者・菅茶山(かんちゃざん)は町中で老豚に乗った少女を漢詩に詠んでいるが、これらの豚は食用ではなかったといわれており、謎である。文化三（一八〇六）年頃には、江戸でも以前にも増して豚が多くなっていたようで「東都（江戸）ニハ育フモノ多シ」（『東西遊記』）というような状況であった。筆者はこのように豚の飼育が広がった状況が豚肉食の端緒になったのではないかと考えている。徐々に広まった豚肉食であるが、猪より劣ると言われ評価は低かった。食べ方は肉を切って、よく洗ってから、葱やほかの野菜と一緒に味噌で煮るというもの。これは豚特有の臭いを消すためであろう。この頃の獣肉が臭いのは、血抜きの技術が未発達であったことが原因だという。

幕末には、猪の肉を商う山鯨屋の看板の横に、生きた豚が描かれている錦絵があったり、滑稽本には「豚肉で一杯」などという台詞（せりふ）も見られるようになるなど、豚肉食が江戸で市民権を得た。豚肉は庶民だけでなく武士も食べており、紀州和歌山藩士・酒井伴四郎も江戸で豚をよく食べ、生肉を買って自分で料理もしており、料理法は鍋物であった。また、十五代将軍徳川慶喜（よしのぶ）が将軍職を継ぐ以前、一橋慶喜と呼ばれた頃、豚好きなところから「豚一殿（ぶたいち）」とあだ名されていた。

鯛

たい

「杉やきの 名にこそたてれ 桜鯛」。江戸時代から**真鯛**といえば一年を通して食膳に上がる魚だった。それゆえ俳諧における季語には真鯛がない。しかし、春に桜色の婚姻色（こんいんしょく）に染まった真鯛は**桜鯛**と呼ばれ、春の季語となっている。桜鯛は色の美しさだけでなく味もおいしい。「からし酢に ふるは涙か 桜だひ」の句からは、江戸時代前期の桜鯛は、酢に辛子を溶き入れた合わせ酢で食べたことがわかる。なお、産卵後の麦秋（ばくしゅう）（初夏）に捕れる鯛は色も黄ばみ、味も劣っており、**麦藁鯛**（むぎわらだい）の季語を持っている。

鯛は古事記や万葉集にも登場する、古くから馴染みの深い魚である。平安時代には伊勢（三重県）や若狭（福井県）、筑前（福岡県）など、十カ国から朝廷に貢進（こうしん）されていたが、保存を考えて干物や塩物であったと思われる。

鯛の料理法といえば、焼き物や刺身がすぐに思い浮かぶ。しかし、江戸時代初期の代表的料理書である『料理物語』には「はまやき、杉やき、かまぼこ、なます、しもふり、くずだい、汁、でんがく、さきびて、すし、ほしてふくめ、其外いろいろにつかふ」など多くの料理法が列挙され、また腸も塩辛によいとある。煮てよし、焼いてよし、生物もよしという万能の魚であった。なお冒頭の俳句にもある**杉焼**は、杉の香りを鯛に移すため、杉板の上で焼く料理である。このほかにも米が炊きあがる直前に、三枚におろし骨を取った鯛を入れて蒸し、その肉を良くほぐして、布巾に包んでもみ合わせ飯に合わせる**鯛飯**は、すまし汁をかけて薬味には大根おろし、葱、浅草海苔、唐辛子をそえる。

すりおろした山芋に鯛のすり身をまぜた**鯛とろろ汁**、**鯛素麺**は鯛のすり身に卵白と塩を加えたものを、穴の開いた筒に入れて煮立った湯へ押し出せば細長く固まって素麺のようになる。鯛素麺の別の方法は、鯛のすり身を板の上に薄く延ばして、熱湯をかけて細く切ったあと湯に入れてから盛り付ける。汁物、吸い物などに良くあう料理であった。鯛のすり身と山芋をあわせて良くすり合わせて蒸したり煮たりすれば**鯛真薯**（たいしんじょ）となる。また地方独特の料理も多くあり、それらを大成したのが天明五（一七八五）年に刊行された『鯛百珍料理秘密箱』であり、約一〇〇種類の鯛料理の作り方が記されている。

鯛の面白い料理法をご紹介しよう。室町時代後期の『大草家料理書』の**鯛なんば焼**は、胡麻か豚の油で鯛を揚げ味噌汁をかけて食べる。また『料理物語』の**するが煮**は、白焼きにした鯛をたまり醬油に酢を少し加えてよく煮る料理だが、焼いた鯛を豚の油で揚げてから同様に煮れば「いよいよよし」とある。ここで注目したいのは豚の油である。近年、幕末には豚肉がよく食べられていることは知られてきたが、それより早く食用油としての利用があったことがわかる。豚を飼育する理由については判然としなかったが、新しい視点が浮き上がってきた（豚の項参照）。

祝いごとに鯛は欠かせない。結婚披露宴に鯛料理はつきもので、まさしく「めでたい」魚である。江戸時代も事情は同じで、祝いごとには鯛を料理したり、贈りあったりしている。当時の記録には鯛の贈答が多く記されており、将軍、大名、旗本から町人まで、その数はおびただしい。贈られる鯛は鮮鯛（せんたい）と記され、新鮮であった。ただし贈られた鮮鯛を他へ使いまわすことも多かったようである。このように鯛は重宝される魚の王者であるが、そのようになったのは江戸時代の事、それ以前は海から遠い京都が都であったため、魚の第一位は鯉であった（鯉の項参照）。

江戸前の浅瀬は鯛の生息に不向きであり、上総湊（かずさみなと）（千葉県）で献上用の鯛を捕った。後に伊豆で、釣り上げた鯛の腹から空気を抜いて水圧の変化で死ぬことを防ぐ「鯛のつき抜」が考案された。伊豆ではこの鯛を生け簀（す）で飼って、活（い）け鯛専用の船で江戸に運び、膨大な鯛の需要に応えた。

雛市の中を運ばれる鯛。『江戸名所図会』

塩

しお

「赤穂から見りゃ行徳は田舎塩」。塩は人の生存に欠かせない大事なもので、古代から「藻塩焼く」など、塩作りを指す言葉は多い。藻塩焼くとは、簀の上に海藻を積み、海水を注ぎかけて塩分を多く含ませ、これを焼いた灰を水に溶かし、その上澄みを釜で煮つめて製した製塩法を指す言葉であると言う。また、海水を煮詰める製塩法も古くからあった製塩法で、この時使う釜を塩釜と呼んだ。その後、製塩法は進歩して、潮の干満の差を利用する方法と、満潮時の海面より高い砂浜に人力で海水をまく揚浜式が生み出された。

江戸時代初期の寛永年間（一六二四～四四）に画期的な製塩法が播磨（兵庫県）の赤穂で考案された。遠浅の干潟を堤防で囲み、潮の干満差で海水を入れる入浜式塩田が完成した。良質の砂と遠浅の浜、大きな干満差、比較的雨が少ない気候と、まさに瀬戸内ならではの製塩法であった。赤穂を訪れた時、江戸時代の塩田の規模の大きさに驚いた記憶がある。

その後、瀬戸内を囲む播磨、阿波（徳島県）、讃岐（香川県）、伊予（愛媛県）、備前・備中（岡山県）、備後・安芸（広島県）、周防・長門（山口県）の十ヶ国に製塩地帯が形成された。ここで作られる塩は**十州塩**（じっしゅうえん）と呼ばれ、元禄年間（一六八八～一七〇四）頃には、全国の生産量の五〇パーセント、幕末には実に九〇パーセント近くに達している。十州塩は大坂を経由して各地に送られたが、日本海側の諸国からは、北前船が直接生産地に買い付けにきた。

江戸時代には醤油や味噌の生産が盛んになり、また調味や漬け物、魚などの塩蔵のための需要も増加して、塩の重要性はますます増していった。江戸時代以前、塩にはもう一つの大きな価値があった。それは戦略物資ということである。戦国時代には、敵国に塩を送ることを禁止する塩留（しおどめ）が行われた。そこから武田信玄と上杉謙信の「敵に塩を送る」話が出来たのである。

天正十八（一五九〇）年、江戸城に入った徳川家康は江戸湾内の有力な製塩地である行徳（市川市）と江戸の深川を結ぶために、中川と隅田川を結ぶ運河（小名木川）を開いて、塩の運送ルートを確保した。太平の世になり十州塩が製塩を席巻（せっけん）し、先の川柳のような状況になってしまっても、依然として行徳は製塩地として残った。それは行徳の塩作りに対する努力の賜（たまもの）であった。

塩には煮詰めて**苦汁**（にがり）を少なくした**真塩**と、苦汁が多い**差塩**（さしじお）があった。評価の高かった十州塩も、実は生産日数の関係で差塩が多かった。差塩は運搬中に苦汁が溶け出して量が目減りする問題があった。そこで行徳では、差塩から苦汁と水分を取り去る**古積塩**（ふるづみじお）という精製塩法を開発した。それは藁莚を敷いた穴の中に塩を入れて藁屋根を葺き、一夏寝かせたものである。輸送に時間がかかったとしても目減りが少なく、関東奥地や信州、奥羽で歓迎された。十州塩が行徳に運ばれて加工され、江戸はもとより各地にも運ばれた。新たな技術開発が行徳塩の名を残したのである。筆者が若いころ、常陸国筑波郡（つくば市）の豪農の古文書を調査した折、その家では行徳塩を北関東各地へ売っていた。いわゆる中継販売であろう。

現在、家庭のテーブルには食卓塩が置かれることが多いが、江戸時代にも**壺焼塩**という高級食卓塩があった。これは石臼で挽いた粗塩を小さな素焼きの壺に入れて二日間焼いた物で、壺の内側がピンク色に染まり、粗塩の苦みが飛んで繊細な味になる。最初、堺の湊村で、三十六歌仙の一人で伝説的な歌人・猿丸太夫の子孫という藤左衛門が焼いて作ったところ、徳川秀忠の娘で後水尾天皇の中宮、東福門院（徳川和子）から「天下一」の名乗りを許されたという伝承が残されている。ほかにも塩に乾燥したシソの葉を混ぜた**しそ塩**や**胡麻塩**が料理の味わいを広げた。

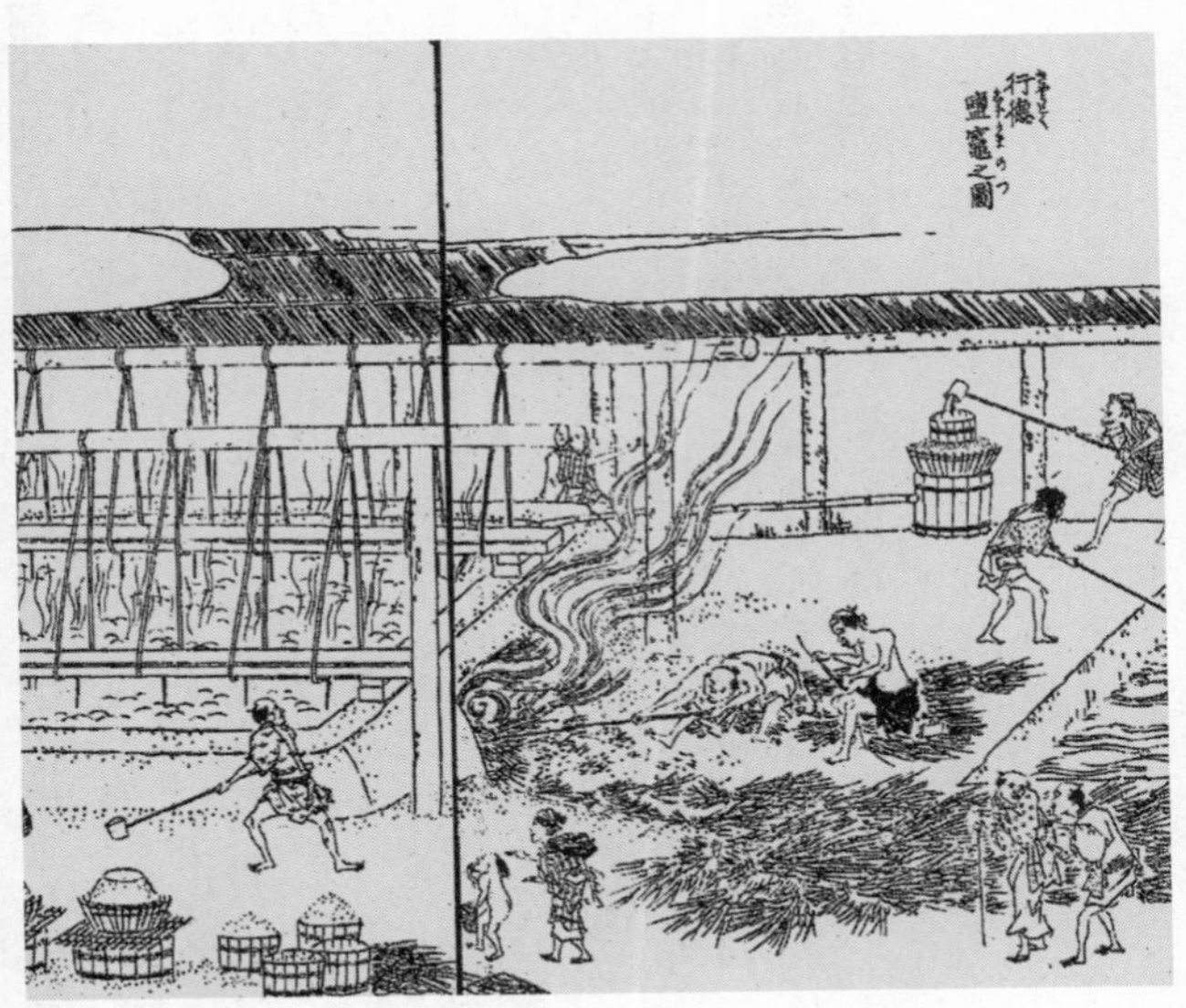

行徳の製塩。『江戸名所図会』

鶏（にわとり）

「鶏肋（けいろく）で冷飯喰（ひやめしぐい）居候（いそうろう）」。鶏肋とは鶏（とり）ガラのことで、これは焼いたり煮たりした後に残ったガラ（あばらの骨）で冷飯を食う居候の食事を詠んだ川柳である。**鶏**は肉だけでなく骨も珍重（ちんちょう）された。江戸では骨を細かに砕いて汁にするが、鶏の肉団子にも入れたという。鶏の骨に関する話をもう一つ。安政六（一八五九）年初演の芝居演目『小袖曽我（こそでそが）薊色縫（あざみのいろぬい）』（十六夜清心（いざよいせいしん））の中では、旦那様とお妾（めかけ）は鶏のささ身を食べ、下男下女は骨と皮を食べている。

江戸時代、鶏は随分と食べられていたようであるが、もともとは鶏卵同様、日本人にはなじみの薄い食べ物であった。古代から闘鶏（とうけい）が行われていたことからもわかるように、鶏は飼われていたが、主に鑑賞用であった。鶏は時を告げる鳥として神聖視され、食べることが避けられていたようである。室町時代以前の記録には鶏を食べる記述がない。栄養学者で食物史家・川上行蔵氏によれば、豊臣秀吉の時代、天正十五（一五八七）年の正月五日に**鶏の味噌焼き**を食べた記録があり（『宗湛茶会献立日記（そうたんちゃかいこんだてにっき）』）、これが日本人が鶏を食べた最も古い記録とされる。もちろん、記録以前から我々の先祖が鶏を食べていたことは確かであろう。

江戸時代も幕末頃には、鳥料理といえばまずは鴫（しぎ）、鴨、雁（がん）、鶉（うずら）、それに**かしわ**などが一般的なものであったところに、**シャモ**（軍鶏）が非常に流行したようである。かしわも軍鶏もともに鶏の一種である。かしわは、羽毛が枯葉色の在来種の鶏で、一方、シャモは闘鶏用にシャム（タイ）から入ってきた鶏がなまったものだという。シャモは大きく、肉は若干硬いが味も良く、人々にもてはやされた。『守貞謾稿』によれば文化年間（一八〇四～一八）以来、京都、大坂ではかしわ、江戸ではしゃもといい、ともに葱鍋で食べることが多いとある。

『鬼平犯科帳』では度々、**軍鶏鍋屋・五鉄（ごてつ）**が登場して、登場人物たちが舌鼓（したづつみ）を打っている。江戸時代後期、江戸では軍鶏鍋（鶏鍋）は、庶民にとっても身近な食べ物であった。紀州和歌山藩士・酒井伴四郎も万延元（一八六〇）年の旧暦十月、江戸の芝で風邪薬代わりと称し、鶏鍋と酒二合を銭二百文（四〇〇〇円）で食べている。冬の寒気に冷えた身体を熱い酒と鶏鍋で温めたのであろう。

鶏の食べ方は鍋や汁物だけではない。鶏の肉を切って味噌に漬けておき、それを串に刺して炙るのが鶏料理の極品（ごくひん）（極上品）とされている（『譚海（たんかい）』）。味噌味の焼き鳥といったところだ。焼き物には**塩焼**や**漬け焼き**のほか、色々な調理法があった。飯物では何といっても**鶏飯（けいはん）**であろう。現在、鹿児島県奄美大島の郷土料理として知られているが、同じ名の料理は江戸などでも作られている。鶏の羽や尾、首、腸を取り、丸のまま湯で煮る。その湯で米を炊き、先の鶏の肉を細かにして、飯釜の火を落とす前に飯の上に置く。炊きあがったらよく混ぜ、薬味におろし大根や葱、唐辛子を用意し、鰹出汁に醤油を合わせた汁をかけて食べる。なかなか贅沢な料理で、鶏を味わい尽せそうだ。

江戸武家屋敷の鶏。『江戸名所図会』

味噌

みそ

「擂鉢を押へる者が五六人」。江戸時代、**味噌**は擂鉢で擂るものであった。この川柳は大の男が五、六人で擂鉢を押さえている様子を詠んでいるが、仲間で宴会を始めるため、鰹につける辛味噌でも擂っているのであろうか。これから始まる宴会に対する気持ちの入り方が並大抵ではない。しかし、いくらなんでも男五、六人は多すぎる。

味噌は奈良時代の文献にも登場するが、当時は醬、豉、あるいは未醤などと書かれていた。最初は大豆を主原料にして、煮た大豆そのものを麹にしている。後に米麹や麦麹が加えられるようになったが、特に戦国時代には、重要な兵糧となったことで、全国各地に独特の味噌が誕生している。

味噌には大豆などの粒が残っていたので擂鉢で擂る必要があった。ただ味噌を擂るといっても、辛子と味噌を合わせたり、白味噌や赤味噌など、種類の違う味噌を合わせたりすることもあった。なお、味噌を擂るという言葉には「出家する」という意味もある。それは小坊主の毎日の仕事が味噌を擂ることだったからである。

手前味噌という言葉は「うぬぼれて自慢すること」を指す。これは自家製の味噌の味を誇ることに由来する。かつては手前味噌、つまり味噌を各家で作っていた。ただし手前味噌事情も、時代や地域によって随分と差があった。おなじみ『守貞謾稿』によれば、幕末の京都や大坂では、各家庭で冬に大豆、米麹、塩で味噌を作る。そして粗く搗いて桶に溜めておき、食事の度に擂鉢で擂って味噌汁に使う。真夏になると塩を多くして保存性を高めた。

対して江戸では赤味噌や田舎味噌を店から買うので、原則、手前味噌はないという。ここにある赤味噌とはどのようなものであろう。江戸生活マニュアル『江戸自慢』によれば、赤味噌と言っても上方のものとは違って「味甚甘く」とあり、上方者の著者には甘みが強すぎ敬遠している。田舎味噌はまた、麦麹で作った辛口の味噌である。上方では米麹を多く使った白味噌を使うが、京都の**西京味噌**や備後（広島県）の**府中味噌**などが知られる。

江戸の赤味噌は、塩を少なめにして麹を多くして熟成時間を短くする。味は良いのだが日持ちがしない。そのため当用買いと言って、差し当たって必要な分量の味噌を買うのである。この江戸の甘い赤味噌は、米麹を多く使う贅沢さと日持ちの悪さから第二次大戦中に製造が禁止された。日持ちの悪さは戦時にふさわしくないのである。しかし、現在では「江戸甘味噌」などの名で復活を果たしている。

参勤交代によって、江戸には多くの大名屋敷があった。江戸での生活の中で、味噌などを国元から運ばせる藩もあったが、江戸で自製する藩もあった。その代表が**仙台味噌**

で、伊達政宗が兵糧用に作ったという伝承がある。江戸では、荏原郡大井村（品川区）に仙台藩の下屋敷があり、そこで仙台味噌を作っていた。最初は藩士たちに故郷の味を味わわせるための自家用味噌であったが、後に余分を販売するようになり評判を呼んだ。濃厚な旨味と深い香りが特徴の辛味噌である。ちなみに大井の仙台藩屋敷を発掘したところ、味噌を作るための石組み竈が出土し、明治以降の遺構からは煉瓦の竈が見つかっている。

味噌を作る。『人倫訓蒙図彙』

飯

めし

「箸と椀を 持って来やれと 壁をぶち」。この川柳は壁が薄い江戸の長屋で、隣りの独り者に「**飯**を御馳走するから箸と椀を持ってこい」と壁を叩いて知らせている様子を詠んでいる。意外かもしれないが江戸の長屋住まいの庶民でも、米の飯それも白米を結構食べていた。逆に、米を作る農民たちは領主から「米を無駄に食べるな」と命じられている。その理由は「米は大事な年貢として領主に納めるものだから」である。年貢率は幕府大名、旗本領主によって違いがあるものの、大体の場合は収穫高の半分以上はもっていかれた。農民は残った米を売って現金を得なければならなかったので、節約のため、玄米に他の野菜などを混ぜる**糧飯**や麦を混ぜて炊いた飯を食べる。白米の飯、いわゆる**銀シャリ**を食べるのはハレの日などにかぎられており、年に何度も食べられない。

では、なぜ江戸に住む庶民は米を食べられたのであろうか。年貢として集められた米は俸禄として家臣たちに与えられるが、自家用の飯米など、必要分を除いて売り払われ、現金化される。そうしなければ武士の生活は成り立たない。江戸には全国から米が集まり、米商人に売られて市中に大量に出回った。不作の年でもないかぎり、庶民でも何とか手が届く値段だったのである。ただし、米の値段が安い年には、白米の飯の食べすぎによるビタミンB1不足から脚気を患う人間が多く出た。脚気は重症化すれば、死に至る病で江戸患いと言われ、近代になっても死亡率の高い病気であった。明治期には陸軍の森林太郎（鷗外）と海軍の高木兼寛が脚気の原因をめぐって論争を行っている。

飯の炊き方にも地域差があった。江戸では朝に飯を炊き、温かいご飯に味噌汁や納豆などで朝飯を食べる。江戸の朝は、浅利や蛤などのむき身、納豆や豆腐を売り歩く棒手振りの売り声と米を炊く香りで始まる。昼は冷飯に魚や煮物を一品つけ、夕飯は茶漬けですませる。これが京都や大坂などの上方では昼に飯を炊き、朝夕は冷飯なので茶漬けにしたり、暖かい粥などにしたりして食べる。たびたび登場する紀州和歌山藩士・酒井伴四郎も、朝には故郷の味である**茶粥**をよく作っている。茶粥は煎じ茶で炊いた粥で、芋などを入れることもある。ただ江戸では粥よりも**雑炊**が好まれていた（『守貞謾稿』）。朝に粥と言う習慣は、現在でも関西で根強いのか、京都、大阪のホテルで朝食に粥を食べる人を良く見かける。しかし、関東生まれの私は銀シャリである。

飯の炊き方も種類が多い。テレビドラマ『おしん』で有名になった**大根飯**は代表的な糧飯の一つで（大根の項参照）、大根以外にも里芋、薩摩芋や菜っ葉などを入れて飯の嵩を増やした。

江戸時代後期には『名飯部類』という米料理の専門書が出版されている。内容は尋常飯、諸菽飯、菜蔬飯、染汁飯、調魚飯、烹鳥飯、名品飯など八十七種、付録として雑炊、粥、鮓など六十三種類が記されている。変わったところでは胡椒を入れて炊く**胡椒飯**や鰯を炊きこむ**鰯飯**。鰯飯は、はらわたを取ってよく洗い、炊きあがる前の飯に尾を上にして差し込み、炊きあがってから抜けば骨がきれいに取れる。ほかにも茹でた蛸の足を薄く切り、飯に混ぜてすまし汁をかける**桜飯**、小豆の煮汁で赤く糯米を染めた**赤飯**は祝い事に、同じく糯米の強飯をくちなしで黄色く染め、すり潰し小判形に乾かした**染飯**は、東海道瀬戸（藤枝市）の名物で、旅人の携行食であった。そのほかにも小鳥を骨ごと叩いて団子にして雑炊にする**小禽雑炊**など多種多様である。

米屋。米の産地を記している。
『守貞謾稿』

蛸・烏賊（たこ・いか）

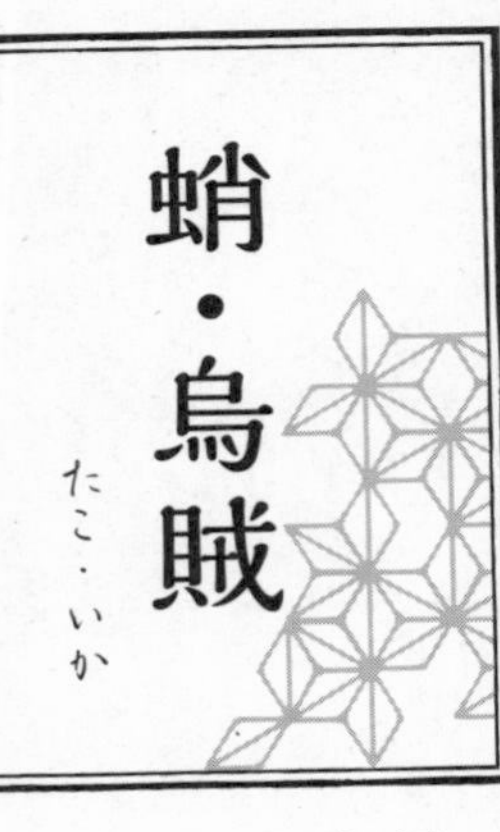

「居酒見世（いざけみせ） 切分けほどな 蛸を下げ」。居酒屋は江戸時代に始まる。現在、居酒屋のシンボルといえば赤ちょうちんや、縄のれんだ。江戸の居酒屋では、大きな魚をこれ見よがしに店先に吊り下げる店もあった。これは「おいしい肴がありますよ」というサインで、看板の代わりであり、中には大きな蛸を吊す店もあった。

蛸の種類にも色々あるが、**真蛸**や**水蛸**、**飯蛸**が有名である。蛸漁というと、つい蛸壺を思い浮かべるが蛸釣りもある。江戸時代各地の産物を記した『日本山海名産図会（にほんさんかいめいさんずえ）』によれば、伊予（愛媛県）では、スイチョウと呼ばれる小板（約一三センチ×約一九センチ）の四隅に釣り針をつけ、餌としてモクズガニの足とおもりの石を一緒に縛りつける。この小板を水中に投げると、蛸は餌に釣られて小板に乗る。手ごたえを感じて引き上げると、逃げようとした蛸が針にかかるという仕掛けである。白いものにも惹かれるようで、江戸後期の随筆『譚海』では「蛸や烏賊は白いものに取り付くので、安房（千葉県）では餌に大根を使う」とある。先にも触れた蛸壺は蛸の習性を利用した漁法である。土器の壺だけではなく、二枚の貝殻で蛸をはさむ方法もあり、うば貝やアワビなどの貝殻も利用された。これは土器と違って海中に置いても小さな貝殻がつかない。また大阪湾付近の発掘調査で蛸壺が多く出土したことで、弥生時代から漁に使われていたことがわかった。

幕末の江戸における勤番武士の生活マニュアル『江戸自慢』によると「蛸は高い」と値段を問題にしているが土地柄であろうか。蛸は**刺身**のほか、**煮物**や**焼き物**など料理法は多い。飯蛸は小さな蛸だが、腹のなかに白い卵が詰まっており、煮れば米粒のようでおいしく、ここに名前の由来がある。なお蛸全体にいえるのが、おいしく食べるために柔らかく調理する必要があること。煮すぎて硬くなってはおいしさも半減である。江戸時代から伝わる蛸の料理方法で「蛸を大根や牛蒡で七、八回叩いてからよく煮る」というものがある。普通に煮たときよりも、倍は柔らかくなるという。ほかにも「煎茶で煮る」や「一回煮た蛸を家の北側に干して風をあててから煮る」など、色々な方法があった。江戸煮という料理は、一、二寸（約三～六センチ）くらいに切った蛸を等量の煎茶と酒でゆっくり煮て、途中で柚の輪切りを入れ醤油で味をつける（『料理網目調味抄』（一七三〇））。柔らかさが身上の料理であった。

蛸同様に足の多いものに烏賊がいる。焼いても、大根などと一緒に煮ても、刺身にしても美味しい。二寸ほどの烏賊の切り身を白味噌、酒、塩と多めの鰹節で煮詰め、胡椒、生姜、山椒などを添えれば烏賊味噌煮となる（『素人庖丁初編』）。現在、烏賊素麺という料理がある。素麺のように細く切った烏賊を醤油や出汁で食べる。江戸時代には、烏賊細作（ほそづくり）と言って細く切った烏賊を、酒に削った鰹節、梅干（後に酢）、たまりを入れて煮詰めた煎酒や酢味噌で食べる料理があった（『料理早指南初編』（一八〇一））。ただ身近なのはやはり烏賊を素干しにした**スルメ**や**塩辛**だろう。どちらも保存がきくのが特徴だが、烏賊を十分に乾燥させたスルメは炙れば、味わい深い酒の肴だ。塩辛は肉と肝臓などを和えて発酵させるもので、多くの魚で作られるが、個人的にはなんといっても烏賊である。他にも**鮨**や**天麩羅**など用途は多い。ただ不思議なのはなぜ「烏賊」という字を書くのか。一説に「烏賊は常に水面に浮いていて、これを死んだものと勘違いして、舞い降りてきた烏（からす）を巻き取り、水中に引き入れることから烏の賊（敵）の文字が使われるようになった」とある（『本朝食鑑』）。

香りに誘われスルメイカを食べる。『職人尽絵詞』

牛
うし

「ざんぎり頭を叩いてみれば文明開化の音がする」。髷を切った頭は文明開化の象徴であった。仮名垣魯文の滑稽本『安愚楽鍋』にえがかれた**牛肉鍋**もまた文明開化を代表している。では、江戸時代以前はどうであろうか。古来、猪や鹿など狩猟によって得られた肉とは違い、家畜を食べることは忌避されていた。宣教師クラッセの『日本西教史』によれば、日本人は特に牛肉、豚肉、羊肉を忌み、牛乳を飲むことは生血を吸うように思われ、飲まないと記されている。ただ日本人もまったく牛肉を食べなかったわけではない。古医書『食用簡便』には、洗った牛肉に野菜を交えて味噌汁で煮る料理法が記されており、牛は黄牛（おうぎゅう）がよいという。黄牛とは上等な牛の意味で、牝牛を指すこともあるが、いずれにしても医書に書かれた以上、滋養目的の薬扱いなのであろう。

　譜代大名の筆頭・彦根藩井伊家では毎年、将軍家や親藩、老中等へ寒中見舞いとして**彦根牛の味噌漬**、**干肉**、**酒煎肉**、**粕漬肉**を薬用として贈っていた。輸送法は念が入っていて、飛脚を東海道と中山道の二方面に出して、どちらかに問題があっても大丈夫なように工夫している。また寒中見舞い以外にも大名等から牛肉を所望されたり、病気の旗本が幕府に彦根牛の下げ渡しを願ったりすることもあった。

彦根藩の牛肉加工がいつごろ始まったのかは定かではないが、一説に元禄年間（一六八八〜一七〇四）ともいわれている。元禄といえば赤穂浪士の討ち入りが思い起こされる。その頭目である大石内蔵助は同志の最長老・堀部弥兵衛に養老品として彦根黄牛の味噌漬を贈っている。この肉は、内蔵助が知人から内々に貰ったものだという。江戸時代後期の彦根藩では、冬の間に日々五〇頭の老廃牛を屠殺・加工しており、その数は年間一〇〇〇頭から三〇〇〇頭におよんだという。

ただ牛肉を大っぴらに食べるようになるのはやはり幕末で、江戸の町名主・斎藤月岑が、江戸三〇〇年の歴史をまとめた『武江年表』によれば、慶応二（一八六六）年頃には、牛の羹すなわち牛の汁物を売る店が江戸の所々に出来たとある。こうした状況は江戸にかぎったことではない。蘭学者・大槻玄沢の孫で多芸多才な学者・大槻如電によれば、文久二（一八六二）年、京都に上った時、三条大橋のたもとに牛鍋屋が三、四軒あったという。この肉も彦根から運ばれたもので、不浄を避けるために鴨川の河原で調理して売られ、時には上流の人も食べていたとあるが、公家のことであろうか。牛肉は江戸や京都だけではなく、地方都市の武家の間でも食べられていた。紀州和歌山藩の藩校の督学（学長）を務めた川合梅所の妻・小梅の日記には、牛肉が度々登場する。その中で文久二年二月十三日には、京都の知人から送られた牛肉を「あつ物」にして客人に振る舞い、「一こん（献）くむ」つまり酒も出している（『小梅日記』）。そして余った肉を知り合いに分けてもいる。『小梅日記』の牛肉の記事は、旧暦十一月から二月が多いので、寒い時期に牛を煮て食べていたのであろう。

奈良・平安時代には蘇(そ)や酪(らく)といった乳製品が作られていたことは知られている。八代将軍・徳川吉宗は酪農を復活させた人物で、享保十二（一七二七）年、吉宗はオランダを通じて天竺（インド）産の白牛(はくぎゅう)三頭を輸入して安房（千葉県）の嶺岡牧(みねおかまき)で飼育することを命じた（この牛、実はオランダ産の乳牛であったという）。この牛の乳を煮詰めて固めると酪になったが、古代のものとは製法が違っていた。なお酪は将軍家に納められていたが、牛の数も増えてきたので江戸・竹橋の厩(きゅう)に白牛一〇頭を移し、寛政八（一七九六）年には酪の一般販売を開始した。ちなみに嶺岡の牛は幕末には四〇〇〜五〇〇頭に達している。明治時代、旧幕臣たちが酪農を始めると、東京の麹町や霞が関ほかに牧場が開かれ、明治二十一（一八八八）年には全国の乳牛の半数を東京が占めていた。よく知られていることではあるが、明治二十五年生まれの芥川龍之介の実父は東京で酪農を営(いとな)んでいた。

海老

えび

「緋縅を二つに割って膳につけ」。**伊勢海老**を煮れば見事な紅色となり、まるで緋縅の鎧（緋色で染めた紐や皮緒を用いた甲冑）のような姿である。その立派な伊勢海老を膳に据えれば一段と豪華さが増す。伊勢海老は姿の立派さや、めでたい紅色から祝いごとに欠かすことは出来ない。ことに正月の注連飾りに欠かせず、鏡餅に裏白や和布を敷いて、その上には伊勢海老を据える。正月に必要な品物を商う年の市で伊勢海老も売られた。『本朝食鑑』によれば、海老をおめでたい宴席における「嘉饌」（めでたい食べ物の意）とし、正月には松竹を立てた門戸の上に柚や煮て紅くなった海老を懸け、蓬萊盤に紅い海老を盛るのも正月を寿ぐためであるとしている。蓬萊盤とは台上にめでたい物を並べたもので、そこにも伊勢海老は欠かせない。蓬萊盤は上方が主で、江戸の正月には喰積が家の玄関や座敷などに飾られた。これは三方に米や餅、熨斗に昆布や橙、そして勝栗に伊勢海老が据えられ、年賀の客に喰積に盛られたものを勧めるのである。

　伊勢海老は、江戸では**鎌倉海老**と呼ばれることも多かった。鎌倉（神奈川県）の海で多く獲れることからの名前である。海老の種類は多いが、伊勢海老は**刺身**、**具足煮**、**鬼**

殻焼きなど料理法も多く美味であり、姿の立派さから海老の第一とされている。次いで**車海老**、**熊海老**の名があり、**芝海老**は**かき揚げ**や**串焼き**に使われた。勤番侍の江戸生活マニュアル『江戸自慢』によれば、「芝蝦(えび)も上品にて味甚(はなはだ)美なり」と記されている。懐のさびしい勤番侍にとってはおいしく、うれしい海老であった。芝海老は江戸の芝浦で獲れることからきた名前だ。元々、車海老の仲間であり、獲れる地域で名称が変わる。続いて煮干しに使われる**さくら海老**、煮付けや佃煮になる**手長海老**などもある。これらのうち『黒白精味集』によれば、伊勢海老と車海老を「上魚」に位置付けている。

井原西鶴の『日本永代蔵』によれば、不漁で高値になった伊勢海老を江戸中探し回って一尾五両の大金を支払った大名もいる。これも見栄であろうが、作中の大坂商人は見栄を馬鹿らしく思い、車海老に替えた。いかにも大坂商人らしい。

海老の調理法は多い。中でも鬼殻焼きは伊勢海老を縦に串刺し、醤油をつけながら気長に遠火で炙る。『黒白精味集』によれば二時(ふたとき)（四時間）も時間をかけるとある。長いひげと一緒に皿に盛れば見事なものである。車海老の場合は、唐辛子醤油をつけて炙る。また天ぷらとしても食べられ、幕末頃の蕎麦屋では、芝海老二、三を揚げて天ぷら蕎麦の種物にした（『守貞謾稿』）。

ほかに素焼きにした海老が焼き上がるときに溶いた卵を塗り、乾いたらまた塗る**蠟焼き**、車海老などのすり身に卵白と少しの塩を入れたものを塗る**海老摘入(つみいれ)**もうまい。同じくすり身を使う料理が**糝薯**（しんじょ）である。おろした山芋や卵白で味を調えて海老のすり身に混ぜ、蒸したり焼いたりして食べる。

伊勢海老や車海老を塩煮にして、取り出した身を細かくして飯の上に置き、鰹出汁をかければ**海老飯**となる。皮を取った伊勢海老を油で揚げて、大根おろしと小口切りにした根深ねぎを添えれば**海老煎出**となる（『素人庖丁初編』）。海老は江戸の人々になじみの食材であった。

魚市の伊勢海老。『職人尽絵詞』

うどん

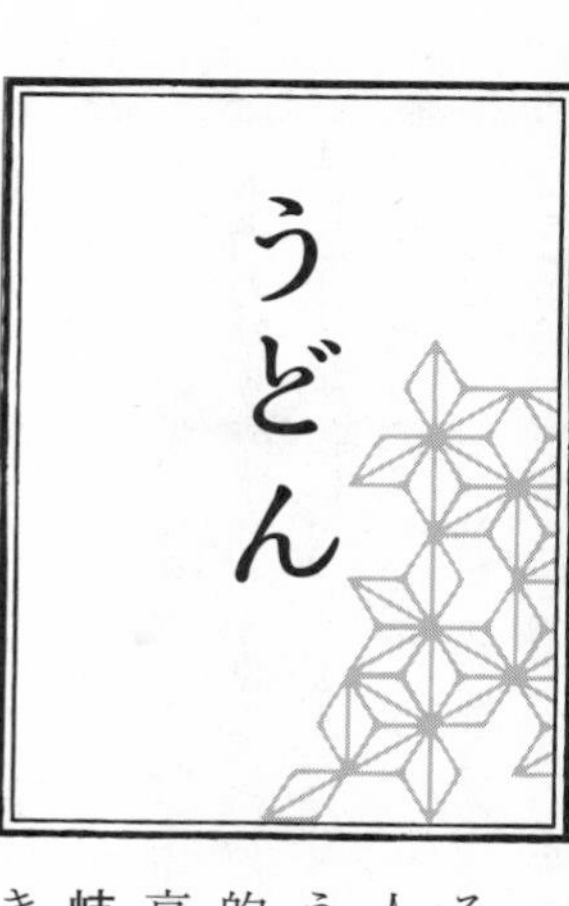

うどんが好きか蕎麦が好きか、答えは様々であろうが、大阪ではうどん、東京では蕎麦と答える人が多いのではないか。現在、東京の蕎麦屋でもうどんも出しているが、注文を聞いていると圧倒的に蕎麦の方が多い。それ以前に、昔から江戸（東京）にはうどん屋が極めて少なかった。近年は**讃岐うどん**や**稲庭うどん**を売り物にする店も増えてきており、東京のうどん事情も変わってきた。

幕末の風俗を記した『守貞謾稿』では、京都や大坂ではうどん好きが多く、店もうどんを主に売って「温飩（うどん）屋」と称し、ついでに蕎麦を売ったという。一方、江戸では蕎麦が好まれ「蕎麦屋」と言い、うどんはついでに売られた。まさしく大坂と江戸で両者の扱いは真逆であった。ただし江戸時代も前期の頃までは、うどん屋の方が優勢だったともいうが、江戸人の嗜好に変化があったのであろう。

幕末の大坂町奉行・久須美祐雋（くすみすけとし）は、「大坂の蕎麦は江戸人の口には合わない。しかし、うどんは雪のように白く味も「甘美」、蕎麦好きで、うどんを好まなかった自分も普段からうどんを食べている」（『浪花の風』）としている。大坂のうどんの美味しさが感じ取れる内容ではある。ただ、うがった見方をすると、良い蕎麦がないので、仕方なくうどんをよく食べている様にも感じられる。

では、うどんはいつ頃から食べられたのであろう。起源には諸説あるが、奈良平安の昔から小麦を使う食物はあった。しかし、石臼がなく製粉技術が未熟な時代は、小麦粉食品を作るのに大変な労力を要した。室町時代からうどんは色々な文献に登場するようになり、江戸時代になると人力による石臼だけではなく、水車による製粉も盛んになっている。江戸近郊でも、武蔵野や内藤新宿近辺をはじめ、玉川上水の流域で水車による製粉業が行われた（伊藤好一『武蔵野と水車屋　江戸近郊製粉事情』）。こうした事情は他の用水や河川でも同じであったであろう。葛飾北斎が原宿（渋谷区）あたりの渋谷川を描いた『隠田（おんでん）の水車』にその様子は詳しい（小麦の項参照）。ちなみに畑が多く、田が非常に少ない武蔵野新田の村々では、うどんは祝い事に食べられるハレの食べ物であった。これは農家などでは今も続いていて、筆者が東京都国分寺市の市史編纂室に勤務していた二〇代の頃、地元出身の編纂室長が良く手打ちうどんをご馳走して下さった。また、市内の祭りや講などの寄り合いがあればうどんが食膳にならんだ。

江戸時代の錦絵には、うどんを商う店の看板に「二八うどん」という文字が見える。蕎麦を例に取り二八は値段（二×八＝十六文）ではなく、蕎麦粉と小麦粉の割合だというが、うどんに粉の割合は関係なく、うどん粉（小麦粉）だけで作るので、私はこの「二八」とは値段の事だと思っている。先の『守貞謾稿』では平皿に盛ったうどんに出汁をかけた二八うどんが描かれている。いわゆる**かけうどん**である。ほかに**しっぽく**という、蒲鉾やくわいといった種物（たねもの）をのせたメニューなども紹介されている（蕎麦の項参照）。

うどんの薬味にも移り変わりがあった。古くは梅干や胡椒を添えたが、江戸後期になると葱、唐辛子、大根を薬味にするようになっている。

変わったうどんの作り方をひとつ紹介したい。小麦粉一升（しょう）に卵二、三個と酒を使って固く練って、葛粉を打ち粉に打つと、**玉子うどん**になる。

現在では愛媛県松山市の**鍋焼きうどん**、名古屋の**味噌煮込みうどん**、溜り醤油を使った三重県の**伊勢うどん**、山梨県の**ほうとう**をはじめ日本各地で名物うどんが楽しまれている。これら全てが江戸時代発祥という訳ではないと思われるが、土地土地の食文化を色濃く反映している。うどんを通して各地の食文化を知る旅も面白いかも知れない。

現在、うどんの食べ方は多種多様であるが、筆者はどちらかと言うと蕎麦を食べることが多い。しかし、キツネとカレーはうどんに限ると思っている。ただ、家人はカレー蕎麦なので、嗜好も多種多様である。

うどんの図。『和漢三才図会』

鯉

こい

鯉の滝登りは、勢いよく出世していくさまを表わした言葉である。中国の黄河中流には、非常に流れが激しい竜門と呼ばれる場所があり、そこを見事に登り切った鯉が竜になったという伝説に由来し、「登竜門」という言葉の元となった。中国で鯉は魚の王者と呼ばれ、日本でもかつて魚の第一等は鯉であった。これは長く政治、経済、文化の中心地であった京都が、海から遠く海魚に恵まれなかったことによる。貴人の面前で披露する包丁式には鯉が使われており、吉田兼好も「やん事なき魚なり」と鯉を賞している（『徒然草』）。また蒲鉾も川魚の鯉や鯰などが上等な材料とされていた。のちに江戸が政治の中心になると、鯛が魚の上首となり、祝い事や儀礼、贈答に欠かせない魚となった。

江戸時代は山城の淀川（京都市）で獲れる鯉がもっとも立派で、味も絶品とされた。ちなみに淀城に川の水を引き入れるために差し渡し八間（約一四・五メートル）の水車があったことから、淀川の鯉は「車下の鯉」とも呼ばれた。ほかに宇治川、瀬田川や琵琶湖などで獲れるものが良いとされている。

江戸で食べる鯉としては、常陸（茨城県）は小貝川流域の箕輪田や、宮戸川（隅田川下流）、諏訪湖のものが良いとされた（『本朝食鑑』）。ただし、諏訪湖は江戸から遠かったため、鯉は塩や酢に漬け込んでもたらされている。

鯉は川や池などで獲れるので、漁師だけでなく、身分にかかわらず多くの人々が釣りを楽しんだ。ただし江戸川（神田川中流域）の鯉を獲ると罰せられた。この川の鯉はとくに美味しく将軍家が賞味するもので、一般の魚獲りは禁止される御留川になっていたからである。

鯉の捕獲方法には釣りだけでなく、漁師が大きな鯉に抱きついて捕まえる「抱鯉（だきこい）」という漁法がある。先の箕輪田が名高く、鯉の動きが鈍くなる冬に行われた。川に潜った漁師が左手で鯉の目をふさいで投げ上げ、船にいる者がすくい取るという。見物料を取って抱鯉を見せる者もいた。「見る間に一分（ぶ）しめた鯉抱」という川柳が残されており、見物料は一両（りょう）（一〇万円）の四分の一、つまり一分であったのであろう。また水路や池が多かった摂津の市岡新田（大阪市）あたりでは、銭六貫文（金一両に相当）で十人ほどの客を船に乗せ、抱き上げた鯉を船に投げて、柄のついたさで網を持った客に鯉を獲らせたという。鯉獲りが観光資源となっていた。

鯉には**焼物**、**汁物**、**鱠**、**刺身**のほか、多くの料理法がある。現在、なじみ深い鯉料理と言えば**鯉こく**であろうか。これは江戸時代には**鯉の濃漿**（こくしょう）と呼ばれた料理である。腸（はらわた）を取らずに筒切りにした鯉を濃い味噌で長時間煮込んで、葱や山椒などを合せて食べる（『四季料理献立』ほか)。総じて濃漿に限らず**鯉汁**など、鯉の汁物は筒切りが多いようである。

鯉を薄くそぎ切りなどにして、冷水で洗って身を縮ませて食べる**鯉の洗い**も、現在でもよく食されている。『守貞謾稿』によれば、鯉や鱸などの新鮮な魚が洗いにして食べられているが、当時は「夏用」の料理であった。

温鱠という料理法もある。切った鯉の肉を三分の二ほど鍋に入れ、熱くした酢を入れて身が白くなるまで待ち、鍋を下ろして残りの肉を入れて和え、焼き塩で味を調える(『江戸料理集』)。また、鯉のすり身に下ろした山芋と塩を入れて混ぜ、柄杓ですくって湯煮すれば**鯉の糝薯**となる。筆者は三十数年前、佐久鯉で有名な長野県南佐久郡の北相木村の民宿で、大きな鯉を開いてオーブンで焼いたものを食べた。泥臭くもなく、それまで鯉が苦手であった私も美味しく食べられた。時代とともに料理法も工夫されている。

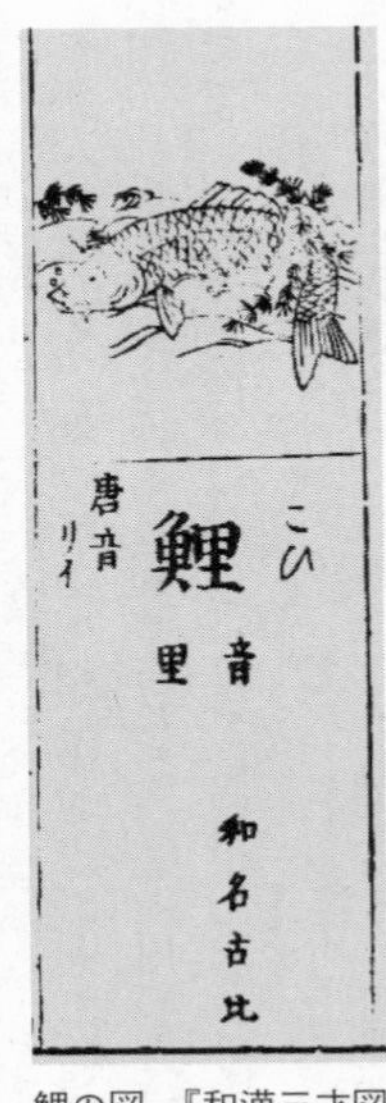

鯉の図。『和漢三才図会』

鮪

まぐろ

鮪といえば高級魚、正月の初競りともなれば、毎年非常な高値で競り落とされたことが報じられる。ただしそれは現代の話で、江戸時代の鮪は下魚の代表格だった。『古今料理集』（一六七〇）には、「まぐろ　下魚也　賞翫（しょうがん）に用いず」とある。つまり貴人などの食膳には乗せないというのである。

ただ『料理物語』（一六四三）には鮪の料理法として、**刺身**や**酢煎**（すいり）などの料理法が記されているので、古くから食べられてはいた。酢煎というのは脂が多く生臭い魚を煮て、仕上げに酢を加えて生臭さを取る料理法で、酢だけで煮る方法もある。この脂の多さに鮪が敬遠された理由があるとも言われており、当時大トロなどは論外であった。

一七四〇年代頃の江戸では、町人でも表店、つまり表通りに店を構えるような者は、鮪を食べることを恥じたという。しかし、徐々に鮪を食べる人々は増えていったようで、料理法も増えていく。『素人庖丁初編』には鮪料理がいくつか掲載されている。小さく切った身を串に刺し、よく焼いて唐辛子味噌を塗る**田楽**。細かに切って酢味噌や唐辛子酢味噌で和える**鉄砲和え**（てっぽうあえ）。細く切って小麦粉をまぶしてごま油で揚げる**糸衣**（いところも）は、これを吸い物に入れる。身を包丁のみねでよく叩き、練ってさっと茹で、すまし汁や味噌汁で食べるのは**叩きあんぺい**。鮪を塩煮にした**船場**などである。

葱鮪(ねぎま)というのもある。「ねぎま」といえば鳥肉と葱を交互に刺した焼き鳥を思い浮かべる人も多いと思われるが、これとはまったく別もの。ぶつ切りにした根深葱と鮪を一緒に煮て、汁物や鍋物にして七味唐辛子や粉山椒で食べる(葱の項参照)。

雉焼(きじやき)という料理法は、鮪や鰹を生姜汁醬油に浸して焼いたつけ焼きのことである。鮪を美味しく食べるために工夫をこらしている。

江戸時代も後期になると鮪も多く獲れるようになったようで、江戸日本橋で鰹節などを商った「にんべん」伊勢屋の高津伊七日記には、享和元(一八〇一)年八月に「鮪夥しくこれあり」などと記されている。そして江戸時代、鮪が広く食べられるようになる出来事があった。鮪の大漁である。大田南畝ほかによれば、文化七(一八一〇)年に鮪の大漁があり、毎日おびただしい鮪が魚河岸に入り、一本六百文(一万二〇〇〇円)ほどで売られたという。肥料にもしたが、頭などは路上に捨てられ犬や猫も食わなかったとあり、まさに猫またぎである(『一話一言』『我衣』(わがころも))。同じ頃、先の「にんべん」の日記には「この節、鮪数多」とある。また天保三(一八三二)年二月から三月も大漁で、二十四文(四八〇円)も出せば三人の飯のおかずにして余りあった(『兎園小説余録』(とえんしょうせつよろく))。

鮪が大量に出回れば食べる人々も増えてくる。ここに眼を付けたのが鮨屋である。にぎり鮨は、文政年間(一八一八~三〇)の江戸生まれ。その鮨屋達が安い鮪を醬油で漬け、いわゆる「づけ」にした。こうして鮪は、にぎり鮨の代表的な鮨種となって行った。

鮪の刺身も普通に食べられるようになった。幕末の江戸を生きた紀州和歌山藩士・酒井伴四郎は、たびたび鮪の刺身を食べており、宴席などでも提供されていた。また同じ時期、武蔵国忍藩（埼玉県行田市）の下級武士・尾崎石城も鮪の刺身を食べている。彼の文久二（一八六二）年二月十四日の日記には、仲の良い友人たちと行った宴会に、鮪の刺身と鮪の煮物が登場しており、関東地方の内陸でも、鮪の刺身を食べることが出来たことがわかる（大岡敏昭『新訂幕末下級武士の絵日記　その暮らしの風景を読む』）。この時の情景を描いた絵には、大皿に並べられた鮪の刺身が描かれている。

冬の鮪漁。『日本山海名産図会』

天麩羅

てんぷら

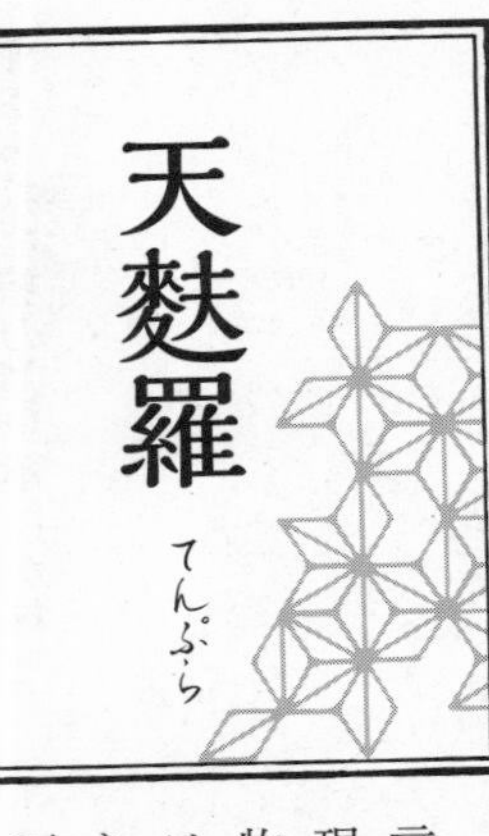

江戸に野菜天麩羅はない、首をかしげたくなる言葉だが、江戸で天麩羅は魚介を揚げたもので、現代の精進揚げにあたる野菜の天麩羅は単に揚げ物と呼ばれた。天麩羅の名は、十七世紀の中頃には確認できるが、あまり広まらず、江戸では魚介などの揚げ物は、胡麻揚げと呼んでいた。その後、天明年間（一七八一～八九）頃から、「天麩羅」の文字を看板などに書く店が増えて、江戸中に広まった。ちなみに京都や大坂では、魚のすり身に山芋などを合わせて蒸した半平（はんぺい）を胡麻油で揚げたものが天麩羅であり、魚介の揚げ物はつけ揚げと呼ばれた。この天麩羅の語源については調理を意味するポルトガル語のtempero（テンペロ）や山東京伝命名説など諸説あるが、はっきりしたことはわからない。

作り方を料理書で確認してみたい。江戸時代中期の『黒白精味集』によれば、鯛の切り身に塩をして洗い、うどん粉（小麦粉）を玉子で練って衣にして揚げ、出汁と醤油を合わせて天つゆにする。そのほか衣に玉子を使わない方法や、うどん粉を水と醤油で溶いて天麩羅の衣にする方法を記す料理書もある。

江戸の町では、屋台店で揚げて売られた。これは室内の油煙の汚れを避けるため、あるいは火災予防のためでもある。屋台ではどのようなものを揚げたのであろうか。『守貞謾稿』には穴子、芝えび、こはだ、貝柱、するめいかなどが記されており、ほかにはぜやこち、蛸なども天種になった。屋台では、串揚げの天麩羅を天つゆに浸して、これに大根おろしをのせて食べる。大根おろしは天麩羅をさっぱりと食べる工夫、屋台には天麩羅とともに深皿に大根おろしが山のように盛られた。そうした様子を「天麩羅屋見せ（店）で揚げたり卸したり」という古川柳がうまく表している。つまり天麩羅を揚げたり、大根をおろしたり、天麩羅屋の忙しさを詠んでいるのである。また、幕末頃には小さな芝えびと小柱を使った**かき揚げ**も生まれ、江戸の天麩羅は進化を続けている。それまで串揚げの天麩羅が中心であったが、かき揚げの登場によって、天麩羅を箸で食べることが広まったのである。

天麩羅屋台から漂う胡麻油の香りに、折助や丁稚達は心を迷わしたという（『一向不通替善運』）。下級武家奉公人である折助、商家の少年奉公人である丁稚などにとっても、天麩羅の買い食いは楽しみであった。安価な天麩羅は庶民の味方、持参の皿にのせてもらったり竹皮に包んでもらったりして、長屋に持ち帰り飯のおかずにした。

安い天麩羅であったが、江戸日本橋に屋台店を出していた吉兵衛は、初鰹や白魚といった高級魚や玉子、芹鴨などの高価な天種を使っており、高級天麩羅の先駆けとなった。また、天麩羅屋台の近くで商売をする屋台の蕎麦屋も現れ、揚げたての天麩羅を注文した蕎麦に入れて食べるようになった。天麩羅蕎麦の始まりである。『守貞謾稿』によれば、幕末の江戸の蕎麦屋では、芝えびの天麩羅を三、四個のせて三十二文、かけそばに比べるとそこそこ高い（蕎麦の項参照）。万延元（一八六〇）年九月、紀州和歌山藩の酒井伴四郎は、藩邸近くの蕎麦屋で天麩羅蕎麦を六十四文で食べている。ずいぶんと高い蕎麦を食べたようだが、これは伴四郎が二杯の天麩羅蕎麦を注文したためと思われる。

若い頃に訪れた蕎麦屋で**天抜**（てんぬき）という注文を聞いた。なんのことかと思ったら、熱い蕎麦汁に天麩羅が入っていた。早い話が天麩羅蕎麦から蕎麦を取ったものであるが、名前は天抜なのである。高齢者となった今では、月に一度は天抜で酒を嗜み、蕎麦でしめている。

顔を隠す武士、買い食いの小僧、おかず用の天麩羅を買う女性。『職人尽絵詞』

食の記憶をたどる。〈食乱図会〉連載から、また内容を歳時記として再構成して、文章に手を入れながら意識していたテーマである。

本書で取り上げた一つ一つの料理の食材などには、社会環境や人々の生活環境の変化に即して変遷をとげてきた歴史的な記憶があった。たとえば大根ひとつをとってみても、品種改良によって形状や食味などが大きく変化しており、利用法にしても江戸という巨大都市の食環境の変化に対応して、白米食の浸透を前提とした沢庵(たくあん)漬け（糠漬け）が広がりをみせている。

また、私自身の食に対する記憶も同時にたどってみた。幼少期から少年期にかけて何気なく食べていた母の味が、私自身の食の記憶のもととなっていることに気づかされた。そして青壮年期を経て老齢年金を受け取る年齢になってみて、さまざまな食の記憶を積み重ねてきたことにも思いいたった。いみじくも本書をまとめる時期は、ＣＯＶＩＤ－19（新型コロナ）によって外食などが著しく制限され、そのほか食を取り巻く環境も大きく変化し、これまでとは違った食の記憶が加えられている。ただ、この時期だからこそゆっくりと家で食事を味わい、春には好物のそら豆を莢(さや)ごと焼いてもらって酒を楽しむなど、日常的な食事も新鮮に感じられた。

どちらかというと食べ物の好みに対して偏りある私ではあるが、連載を通じて新しい食味に出会った。また、料理人によって新たな好物が生まれることもあった。以前の職場に転職して以降、京都に行くことが増え、調査などの私用を含め十五回ほども訪れた年もあった。京都に行けば必ず訪れる店とも出会い、食事を楽しむようになった。それまで白子が苦手であったのだが、その店の料理人である黒川高裕さんが「騙されたと思って、一度食べてみて」と鱈の白子を使った雲子(くもこ)鍋を何度か勧めてくれた。熱心に勧めてくれるので一度食べた所、きわめて美味しく、以来、季節にその店にいけば必ず雲子鍋を頼んでいる。それからは積極的に騙されることにして、私の食の記憶も豊かになった。

食の歴史的記憶を訪ねるためには、多くの史料や文献に目を通さなければならず、図書館や資料館の存在は欠かせない。なかでも味の素食の文化ライブラリーは、食に特化した図書館で蔵書の充実や開架式で本を探すのも楽しく、家から二〇分程と近いこともあって、連載中は月に三・四回ほどは通い、無事に連載を終えることが出来た。また、日本料理の材料の現在、あるいは料理一般で解からないことがあると、行きつけの店の料理人である松本道朗さんを尋ねた。たとえば現在の魚の旬や料理法、そして築地市場

（現豊洲市場）において売られる魚の変化などである。

食の歴史的な記憶のひとつの帰結点として現在があり、現在が将来への出発点になろう。しばらくはこうした歴史的な視点から食について考えてみたい。また、現在、ある大学で「和食の誕生と江戸の食文化」と「和菓子の歴史」を隔年で講じているが、本書から得られた知見や発想を活かすことが出来ていることにも感謝している。

最初、連載を勧めてくれたのは、『コミック乱』の編集者であった佐藤真吾さんであった。ひと月に一種ずつ取り上げ、季節にも配慮したつもりではあった。しかし、一書にまとめてみると季節に偏りがあったのも事実である。その後、佐藤さんは他誌へ異動となり、担当者は新田隆治さんに代わった。時代劇漫画雑誌という新しい執筆の場を得られたこともありがたく、連載中に何度か漫画の時代考証もさせていただいた。

本書をまとめることは、文春文庫の高橋淳一さんから声をかけていただいた。今年の夏に、高橋さんが育児休暇という事で、担当は北村恭子さんに代わったが、本書の校正や図版などでご両人には大変お世話になった。

本書に関わっていただいた多くの方々に、感謝を申し上げたい。

二〇二一年一〇月吉日

青木直己

主な参考文献

本書を記すにあたっては多くの文献を参考としたが、一部を上げておきたい。

原典資料

『本朝食鑑』人見必大著　一六九七年刊　国立国会図書館デジタルコレクション
　平凡社（東洋文庫）島田勇雄訳注『本朝食鑑』1〜5巻　一九七六年
『倭漢三才図会』寺島良安編　一七一三年序　国立国会図書館デジタルコレクション
　平凡社（東洋文庫）島田勇雄他訳注『和漢三才図会』一〜一八巻　一九八五年
『雍州府志』黒川道祐著　一六八六年刊『新修京都叢書』第一〇巻（臨川書店、一九六八年）
　所収
『日本山海名産図会』国立国会図書館デジタルコレクション
　日本庶民生活史料集成第一〇巻所収
『武江産物志』岩崎常正著　一八二四年刊　国立国会図書館デジタルコレクション
『成形図説』曾槃・白尾国柱編　刊年不明（一七九三〜一八〇四年編纂）鹿児島藩蔵版

国立国会図書館デジタルコレクション
『農業全書』宮崎安貞著　一六九七年（『農業全書　巻1〜11』『日本農書全集11・12』一九七八年・農山漁村文化協会）
『百姓伝記』著者不詳　一六八二年頃（『百姓伝記』岩波文庫、一九七七年）
『本草図譜』岩崎常正著　一八三〇〜一八四四年　国立国会図書館デジタルコレクション
『大和本草』貝原益軒著　一七〇八年　国立国会図書館デジタルコレクション
『魚鑑』武井周作著　一八三一年刊　国立国会図書館デジタルコレクション
『守貞謾稿』喜田川守貞著　一八三七〜一八六七年（朝倉治彦・柏川修一校訂編集『守貞謾稿』東京堂出版。宇佐美英機校訂『近世風俗志（守貞謾稿）』一九九六年、岩波書店）
『江戸自慢』原田某著　一八六〇年写　（三田村鳶魚編、森銑三・野間光辰・朝倉治彦監修『未刊随筆百種』中央公論社所収）
『紀州藩士酒井伴四郎関係文書』小野田一幸・高久智大編、清文堂、二〇一四年

参考図書
関根真隆『奈良朝食生活の研究』（吉川弘文館、一九七四年）
川上行蔵著・小出昌洋編『完本　日本料理事物起源（全二冊）』（岩波書店、二〇〇六年）
『日本料理事物起源』『食生活語彙五種便覧』

平野雅章『たべもの歳時記』（文藝春秋、一九七八年）
『やさい風土記』（日本料理探求全書第一〇巻、東京書房社、一九七九年）
『日本食文化考』（東京書房社、一九八二年）
鈴木晋一『たべもの史話』（平凡社、一九八九年）
『東海道たべもの五十三次』（平凡社、一九九一年）
渡辺善次郎『巨大都市江戸が和食をつくった』（農山漁村文化協会、一九八八年）
原田信男『江戸の料理史』（中央公論社、一九八九年）
『江戸の食生活』（岩波書店、二〇〇三年）
飯野亮一『居酒屋の誕生』（筑摩書房、二〇一四年）
『すし　天ぷら　蕎麦　うなぎ　江戸四大名物食の誕生』（筑摩書房、二〇一六年）
『天丼　かつ丼　牛丼　うな丼　親子丼　日本五大どんぶりの誕生』（筑摩書房、二〇一九年）
松下幸子『図説江戸料理事典』（柏書房、一九九六年）
青葉　高『野菜の日本史』（八坂書房、一九九一年）
『日本の野菜　新装改訂版』（八坂書房、一九九三年）
『野菜の博物誌』（青葉高著作選Ⅲ、八坂書房、二〇〇〇年）
『日本の野菜文化史事典』（八坂書房、二〇一三年）

多田鉄之助『たべもの日本史』（新人物往来社、一九七二年）
『野菜くだもの歳時記』（東京書房社、一九七四年）
杉山直儀『江戸時代の野菜の品種』（養賢堂、一九九五年）
『江戸時代の野菜の栽培と利用』（養賢堂、一九九八年）
草川　俊『野菜博物誌』（日本経済評論社、一九八〇年）
岡田　哲『コムギ粉の食文化史』（朝倉書店、一九九三年）
佐藤洋一郎『米の日本史』（中央公論新社、二〇二〇年）
佐藤洋一郎ほか『麦の自然史』（北海道大学出版会、二〇一〇年）
前田和美『豆』（ものと人間の文化史、法政大学出版局、二〇一五年）
中山誠二『マメと縄文人』（同成社、二〇二〇年）
野村圭佑『江戸の自然誌　『武江産物志』を読む』（どうぶつ社、二〇〇二年）
『江戸の野菜』（荒川クリーンエイド・フォーラム、二〇〇五年）
花咲一男『江戸魚釣り百姿』（三樹書房、二〇〇三年）
末広恭雄『魚の博物事典』（講談社、一九八九年）
金田禎之『江戸前のさかな』（成山堂書店、二〇一一年）
『魚百選』（本の泉社、二〇一五年）
植条則夫『魚たちの風土記』（毎日新聞社、一九九二年）

矢野憲一『魚の文化史』（講談社、一九八三年）
梶島孝雄『資料　日本動物史』（八坂書房、二〇〇二年）
塚本　学『江戸時代人と動物』（日本エディタースクール出版部、一九九五年）
加茂儀一『日本畜産史　食肉・乳酪篇』（法政大学出版局、一九七六年）
田中千博『食の鳥獣戯画』（高文堂出版社、二〇〇六年）
奥野卓司『鳥と人間の文化誌』（筑摩書房、二〇一九年）
渡辺信一郎『江戸川柳飲食事典』（東京堂出版、一九九六年）
青木直己『幕末単身赴任　下級武士の食日記　増補版』（筑摩書房、二〇一六年）

なお本文中で引用した料理書は、『日本料理秘伝集成』全十九巻（同朋舎出版）に拠った。

文春文庫

江戸（えど） うまいもの歳時記（さいじき）

定価はカバーに表示してあります

2021年12月10日　第1刷

著　者　青木直己（あおきなおみ）
発行者　花田朋子
発行所　株式会社 文藝春秋

東京都千代田区紀尾井町 3-23　〒102-8008
TEL 03・3265・1211㈹
文藝春秋ホームページ　http://www.bunshun.co.jp

落丁、乱丁本は、お手数ですが小社製作部宛お送り下さい。送料小社負担でお取替致します。

印刷製本・凸版印刷

Printed in Japan
ISBN978-4-16-791807-1